中国佛学经典宝藏

24

吴相洲 释译

星云大师总监修

人民东方出版传媒
東方出版社

《中国佛学经典宝藏》
大陆简体字版编审委员会

总序

星云

自读首楞严，从此不尝人间糟糠味；

认识华严经，方知己是佛法富贵人。

诚然，佛教三藏十二部经有如暗夜之灯炬、苦海之宝筏，为人生带来光明与幸福，古德这首诗偈可说一语道尽行者阅藏慕道、顶戴感恩的心情！可惜佛教经典因为卷帙浩瀚、古文艰涩，常使忙碌的现代人有义理远隔、望而生畏之憾，因此多少年来，我一直想编纂一套白话佛典，以使法雨均沾，普利十方。

一九九一年，这个心愿总算有了眉目。是年，佛光山在中国大陆广州市召开“白话佛经编纂会议”，将该套丛书定名为《中国佛教经典宝藏》[①]。后来几经集思广

① 编者注：《中国佛教经典宝藏》丛书，大陆出版时改为《中国佛学经典宝藏》丛书。

益，大家决定其所呈现的风格应该具备下列四项要点：

一、启发思想：全套《中国佛教经典宝藏》共计百余册，依大乘、小乘、禅、净、密等性质编号排序，所选经典均具三点特色：

1. 历史意义的深远性
2. 中国文化的影响性
3. 人间佛教的理念性

二、通顺易懂：每册书均设有原典、注释、译文等单元，其中文句铺排力求流畅通顺，遣词用字力求深入浅出，期使读者能一目了然，契入妙谛。

三、文简意赅：以专章解析每部经的全貌，并且搜罗重要的章句，介绍该经的精神所在，俾使读者对每部经义都能透彻了解，并且免于以偏概全之谬误。

四、雅俗共赏：《中国佛教经典宝藏》虽是白话佛典，但亦兼具通俗文艺与学术价值，以达到雅俗共赏、三根普被的效果，所以每册书均以题解、源流、解说等章节，阐述经文的时代背景、影响价值及在佛教历史和思想演变上的地位角色。

兹值佛光山开山三十周年，诸方贤圣齐来庆祝，历经五载、集二百余人心血结晶的百余册《中国佛教经典宝藏》也于此时隆重推出，可谓意义非凡，论其成就，则有四点可与大家共同分享：

一、佛教史上的开创之举：民国以来的白话佛经翻译虽然很多，但都是法师或居士个人的开示讲稿或零星的研究心得，由于缺乏整体性的计划，读者也不易窥探佛法之堂奥。有鉴于此，《中国佛教经典宝藏》丛书突破窠臼，将古来经律论中之重要著作，做有系统的整理，为佛典翻译史写下新页！

二、杰出学者的集体创作：《中国佛教经典宝藏》丛书结合中国大陆北京、南京各地名校的百位教授、学者通力撰稿，其中博士学位者占百分之八十，其他均拥有硕士学位，在当今出版界各种读物中难得一见。

三、两岸佛学的交流互动：《中国佛教经典宝藏》撰述大部分由大陆饱学能文之教授负责，并搜录台湾教界大德和居士们的论著，借此衔接两岸佛学，使有互动的因缘。编审部分则由台湾和大陆学有专精之学者从事，不仅对中国大陆研究佛学风气具有带动启发之作用，对于台海两岸佛学交流更是帮助良多。

四、白话佛典的精华集萃：《中国佛教经典宝藏》将佛典里具有思想性、启发性、教育性、人间性的章节做重点式的集萃整理，有别于坊间一般“照本翻译”的白话佛典，使读者能充分享受“深入经藏，智慧如海”的法喜。

今《中国佛教经典宝藏》付梓在即，吾欣然为之作序，并借此感谢慈惠、依空等人百忙之中，指导编修；吉广舆等人奔走两岸，穿针引线；以及王志远、赖永海等大陆教授的辛勤撰述；刘国香、陈慧剑等台湾学者的周详审核；满济、永应等“宝藏小组”人员的汇编印行。他们的同心协力，使得这项伟大的事业得以不负众望，功竟圆成！

《中国佛教经典宝藏》虽说是大家精心擘划、全力以赴的巨作，但经义深邈，实难尽备；法海浩瀚，亦恐有遗珠之憾；加以时代之动乱，文化之激荡，学者教授于契合佛心，或有差距之处。凡此失漏必然甚多，星云谨以愚诚，祈求诸方大德不吝指正，是所至祷。

一九九六年五月十六日于佛光山

原版序

敲门处处有人应

慈惠

《中国佛教经典宝藏》是佛光山继《佛光大藏经》之后，推展人间佛教的百册丛书，以将传统《大藏经》精华化、白话化、现代化为宗旨，力求佛经宝藏再现今世，以通俗亲切的面貌，温渥现代人的心灵。

佛光山开山三十年以来，家师星云上人致力推展人间佛教，不遗余力，各种文化、教育事业蓬勃创办，全世界弘法度化之道场应机兴建，蔚为中国现代佛教之新气象。这一套白话精华大藏经，亦是大师弘教传法的深心悲愿之一。从开始构想、擘划到广州会议落实，无不出自大师高瞻远瞩之眼光，从逐年组稿到编辑出版，幸赖大师无限关注支持，乃有这一套现代白话之大藏经问世。

这是一套多层次、多角度、全方位反映传统佛教文化的丛书，取其精华，舍其艰涩，希望既能将《大藏经》

深睿的奥义妙法再现今世，也能为现代人提供学佛求法的方便舟筏。我们祈望《中国佛教经典宝藏》具有四种功用：

一、是传统佛典的精华书

中国佛教典籍汗牛充栋，一套《大藏经》就有九千余卷，穷年皓首都研读不完，无从赈济现代人的枯槁心灵。《宝藏》希望是一滴浓缩的法水，既不失《大藏经》的法味，又能有稍浸即润的方便，所以选择了取精用弘的摘引方式，以舍弃庞杂的枝节。由于执笔学者各有不同的取舍角度，其间难免有所缺失，谨请十方仁者鉴谅。

二、是深入浅出的工具书

现代人离古愈远，愈缺乏解读古籍的能力，往往视《大藏经》为艰涩难懂之天书，明知其中有汪洋浩瀚之生命智慧，亦只能望洋兴叹，欲渡无舟。《宝藏》希望是一艘现代化的舟筏，以通俗浅显的白话文字，提供读者遨游佛法义海的工具。应邀执笔的学者虽然多具佛学素养，但大陆对白话写作之领会角度不同，表达方式与台湾有相当差距，造成编写过程中对深厚佛学素养与流畅白话语言不易兼顾的困扰，两全为难。

三、是学佛入门的指引书

佛教经典有八万四千法门，门门可以深入，门门是无限宽广的证悟途径，可惜缺乏大众化的入门导览，不易寻觅捷径。《宝藏》希望是一支指引方向的路标，协助十方大众深入经藏，从先贤的智慧中汲取养分，成就无上的人生福泽。

四、是解深入密的参考书

佛陀遗教不仅是亚洲人民的精神归依，也是世界众生的心灵宝藏。可惜经文古奥，缺乏现代化传播，一旦庞大经藏沦为学术研究之训诂工具，佛教如何能扎根于民间？如何普济僧俗两众？我们希望《宝藏》是百粒芥子，稍稍显现一些须弥山的法相，使读者由浅入深，略窥三昧法要。各书对经藏之解读诠释角度或有不足，我们开拓白话经藏的心意却是虔诚的，若能引领读者进一步深研三藏教理，则是我们的衷心微愿。

大陆版序一

楼宇烈

《中国佛教经典宝藏》是一套对主要佛教经典进行精选、注译、经义阐释、源流梳理、学术价值分析，并把它们翻译成现代白话文的大型佛学丛书，成书于二十世纪九十年代，由台湾佛光文化事业有限公司出版，星云大师担任总监修，由大陆的杜继文、方立天以及台湾的星云大师、圣严法师等两岸百余位知名学者、法师共同编撰完成。十几年来，这套丛书在两岸的学术界和佛教界产生了巨大的影响，对研究、弘扬作为中国传统文化重要组成部分的佛教文化，推动两岸的文化学术交流发挥了十分重要的作用。

《中国佛学经典宝藏》则是《中国佛教经典宝藏》的简体字修订版。之所以要出版这套丛书，主要基于以下的考虑：

首先，佛教有三藏十二部经、八万四千法门，典籍浩瀚，博大精深，即便是专业研究者，穷其一生之精力，恐也难阅尽所有经典，因此之故，有“精选”之举。

其次，佛教源于印度，汉传佛教的经论多译自梵语；加之，代有译人，版本众多，或随音，或意译，同一经文，往往表述各异。究竟哪一种版本更契合读者根机？哪一个注疏对读者理解经论大意更有助益？编撰者除了标明所依据版本外，对各部经论之版本和注疏源流也进行了系统的梳理。

再次，佛典名相繁复，义理艰深，即便识得其文其字，文字背后的义理，诚非一望便知。为此，注译者特地对诸多冷僻文字和艰涩名相，进行了力所能及的注解和阐析，并把所选经文全部翻译成现代汉语。希望这些注译，能成为修习者得月之手指、渡河之舟楫。

最后，研习经论，旨在借教悟宗、识义得意。为了将其思想义理和现当代价值揭示出来，编撰者对各部经论的篇章品目、思想脉络、义理蕴涵、学术价值等所做的发掘和剖析，真可谓殚精竭虑、苦心孤诣！当然，佛理幽深，欲入其堂奥、得其真义，诚非易事！我们不敢奢求对于各部经论的解读都能鞭辟入里，字字珠玑，但希望能对读者的理解经义有所启迪！

习近平主席最近指出：“佛教产生于古代印度，但传入中国后，经过长期演化，佛教同中国儒家文化和道家文化融合发展，最终形成了具有中国特色的佛教文化，给中国人的宗教信仰、哲学观念、文学艺术、礼仪习俗等留下了深刻影响。”如何去研究、传承和弘扬优秀佛教文化，是摆在我们面前的一个重要课题，人民东方出版传媒有限公司拟对繁体字版的《中国佛教经典宝藏》进行修订，并出版简体字版的《中国佛学经典宝藏》，随喜赞叹，寥寄数语，以叙因缘，是为序。

二〇一六年春于南京大学

大陆版序二

依空

身材高大、肤色白皙、擅长军事的亚利安人，在公元前四千五百多年从中亚攻入西北印度，把当地土著征服之后，为了彻底统治这里的人民，建立了牢不可破的种姓制度，创造了无数的神祇，主要有创造神梵天、破坏神湿婆、保护神毗婆奴。人们的祸福由梵天决定，为了取悦梵天大神，需要透过婆罗门来沟通，因为他们是从梵天的口舌之中生出，懂得梵天的语言——繁复深奥的梵文，婆罗门阶级是宗教祭祀师，负责教育，更掌控了神与人之间往来的话语权。四种姓中最重要的是刹帝利，举凡国家的政治、经济、军事、文化等等都由他们实际操作，属贵族阶级，由梵天的胸部生出。吠舍则是士农工商的平民百姓，由梵天的膝盖以上生出。首陀罗则是被踩在梵天脚下的土著。前三者可以轮回，纵然几世轮转都无法脱离原来种姓，称为再生族；首陀罗则连轮回的因缘都没有，为不生族，生生世世为首陀罗，子孙也倒霉跟着宿命，无法改变身份。相对于此，贱民比首陀罗更为卑微、低贱，连四种姓都无法跻身其中，只能从事挑粪、焚化尸体等最卑贱、龌龊的工作。

出身于高贵种姓释迦族的悉达多太子，为了打破种姓制度的桎梏，舍弃既有的优越族姓，主张一切众生皆平等，成正等觉，创立了佛教僧团。为了贯彻佛教的平等思想，佛陀不仅先度首陀罗身份的优婆离出家，后度释迦族的七王子，先入山门为师兄，树立僧团伦理制度。佛陀更严禁弟子们用贵族的语言——梵文宣讲佛法，而以人民容易理解的地方口语来演说法义，这就是巴利文经典的滥觞。佛陀认为真理不应该是属于少数贵族、知识分子的专利或装饰，而应该更贴近普罗大众，属于平民百姓共有共知。原来佛陀早就在推动佛法的普遍化、大众化、白话化的伟大工作。

佛教从西汉哀帝末年传入中国，历经东汉、魏晋南北朝、隋唐的漫长艰巨的译经过程，加上历代各宗派祖师的著作，积累了庞博浩瀚的汉传佛教典籍。这些经论义理深奥隐晦，加以书写的语言文字为千年以前的古汉文，增加现代人阅读的困难，只能望着汗牛充栋的三藏十二部扼腕慨叹，裹足不前。

如何让大众轻松深入佛法大海，直探佛陀本怀？佛光山开山宗长星云大师乃发起编纂《中国佛教经典宝藏》。一九九一年，先在大陆广州召开“白话佛经编纂会议”，订定一百本的经论种类、编写体例、字数等事项，礼聘中国社科院的王志远教授、南京大学的赖永海教授分别为中国大陆北方与南方的总联络人，邀请大陆各大学的佛教学者撰文，后来增加台湾部分的三十二本，是为一百三十二册的《中国佛教经典宝藏精选白话版》，于一九九七年，作为佛光山开山三十周年的献礼，隆重出版。

六七年间我个人参与最初的筹划，多次奔波往来于大陆与台湾，小心谨慎带回作者原稿，印刷出版、营销推广。看到它成为佛教徒家中的传家宝藏，有心了解佛学的莘莘学子的入门指南书，为星云大师监修此部宝藏的愿心深感赞叹，既上契佛陀“佛法不舍一众”的慈悲本怀，更下启人间佛教“普世益人”的平等精神。尤其可喜者，欣闻现大陆出版方东方出版社潘少平总裁、彭明哲副总编亲自担纲筹划，组织资深编辑精校精勘；更有旅美企业家鲁彼德先生事业有成之际，秉“十方来，十方去，共成十方事”之襟怀，促成简体字版《中国佛学经典宝藏》的刊行。今付梓在即，是为序，以表随喜祝贺之忱！

二〇一六年元月

《中国佛学经典宝藏》

华人佛学界顶级专家团队编撰。大陆首次引进简体中文版。

读得懂，买得起，藏得下的“白话精华大藏经”。

星云大师 总监修

“人间佛教”的践行本

《中国佛学经典宝藏》白话版系列丛书，共计132册，由星云大师总监修，大陆、台湾百余专家学者通力编撰而成。

丛书依大乘、小乘、禅、净、密等性质编号排序，将古来经律论中之经典著作，依据思想性、启发性、教育性、人间性的原则，做了取其精华、舍其艰涩的系统整理。每种经典都按原文、注释、译文等体例编排，语言力求通俗易懂、言简意赅，让佛学名著真正做到雅俗共赏；还以题解、源流、解说等章节，阐述经文的时代背景、影响价值及在佛教历史和思想演变上的地位角色。丛书还开创性地收录了一些有代表性的现代读本。

专家推荐

星云大师常常说，佛学不是少数人的专利，它应该是每一个人都能够接触的。这套书推动了白话佛学经典的完成。

——依空法师

佛光山长老，文学博士，印度哲学博士

星云大师对编修《中国佛学经典宝藏》非常重视，对经典进行注、译，包括版本源流梳理，这对一般人去看经典、理解经典的思想，是有帮助的。

——赖永海

南京大学教授，旭日佛学研究中心主任

《中国佛学经典宝藏》精选了很多篇目，是能够把佛法的精要，比较全面地给予介绍。

——王志远

中国社会科学院研究生院导师，中国宗教协会副会长

传统大藏经 VS 中国佛学经典宝藏

	传统大藏经		中国佛学经典宝藏
第一回合	**卷帙浩繁** 普通人阅读没头绪、没精力、看不懂。	VS	**精华集萃** 星云大师亲选132种书目，提纲挈领，方便读经。
第二回合	**古文艰涩 繁体竖排** 佛经文辞晦涩，多用繁体竖排版：读经门槛高。	VS	**白话精译 简体横排** 经典原文搭配白话精译，既可直通经文，又可研习原典。
第三回合	**经义玄奥 难尝法味** 微言大义，法义幽微，没有明师指引难理解。	VS	**专家注解 普利十方** 华人佛学界顶级专家精注精解，一通百通。

《中国佛学经典宝藏》目录

编号	书名
1	中阿含经
2	长阿含经
3	增一阿含经
4	杂阿含经
5	金刚经
6	般若心经
7	大智度论
8	大乘玄论
9	十二门论
10	中论
11	百论
12	肇论
13	辩中边论
14	空的哲理
15	金刚经讲话
16	人天眼目
17	大慧普觉禅师语录
18	六祖坛经
19	天童正觉禅师语录
20	正法眼藏
21	永嘉证道歌・信心铭
22	祖堂集
23	神会语录
24	指月录
25	从容录
26	禅宗无门关
27	景德传灯录
28	碧岩录
29	缁门警训
30	禅林宝训
31	禅林象器笺
32	禅门师资承袭图
33	禅源诸诠集都序
34	临济录
35	来果禅师语录
36	中国佛学特质在禅
37	星云禅话
38	禅话与净话
39	释禅波罗蜜次第法门
40	般舟三昧经
41	净土三经
42	佛说弥勒上生下生经
43	安乐集
44	万善同归集
45	维摩诘经
46	药师经
47	佛堂讲话
48	信愿念佛
49	精进佛七开示录
50	往生有分
51	法华经
52	金光明经
53	天台四教仪
54	金刚錍
55	教观纲宗
56	摩诃止观
57	法华思想
58	华严经
59	圆觉经
60	华严五教章
61	华严金师子章
62	华严原人论
63	华严学
64	华严经讲话
65	解深密经
66	楞伽经
67	胜鬘经
68	十地经论
69	大乘起信论
70	成唯识论
71	唯识四论
72	佛性论
73	瑜伽师地论
74	摄大乘论
75	唯识史观及其哲学
76	唯识三颂讲记
77	大日经
78	楞严经
79	金刚顶经
80	大佛顶首楞严经
81	成实论
82	俱舍要义
83	佛说梵网经
84	四分律
85	戒律学纲要
86	优婆塞戒经
87	六度集经
88	百喻经
89	法句经
90	本生经的起源及其开展
91	人间巧喻
92	大乘本生心地观经
93	南海寄归内法传
94	入唐求法巡礼记
95	大唐西域记
96	比丘尼传
97	弘明集
98	出三藏记集
99	牟子理惑论
100	佛国记
101	宋高僧传
102	唐高僧传
103	梁高僧传
104	异部宗轮论
105	广弘明集
106	辅教编
107	释迦牟尼佛传
108	中国佛教名山胜地寺志
109	敕修百丈清规
110	洛阳伽蓝记
111	佛教新出碑志集萃
112	佛教文学对中国小说的影响
113	佛遗教三经
114	大般涅槃经
115	地藏本愿经外二部
116	安般守意经
117	那先比丘经
118	大毗婆沙论
119	大乘大义章
120	因明入正理论
121	宗镜录
122	法苑珠林
123	经律异相
124	解脱道论
125	杂阿毗昙心论
126	弘一大师文集选要
127	《沧海文集》选集
128	《劝发菩提心文》讲话
129	佛经概说
130	佛教的女性观
131	涅槃思想研究
132	佛学与科学论文集

目　录

题
解

《指月录》，全称《水月斋指月录》，明代文人瞿汝稷编集，书成于万历二十三年（公元一五九五年），共三十二卷。

书名中“水月斋”是作者书房的名称。“指月”，是佛教中常用的比喻，以“指”喻言传身教，以“月”喻佛之法要。作者在万历三十年（公元一六〇二年）夏五月所写的《水月斋指月录原序》中解释说：“题之曰《水月斋指月录》，‘水月’，幻也；而云‘指月’，果有如盘山所云‘心月孤悬，光吞万象’者乎？吾不可得而知也。”

“指月”的比喻，出自于《楞严经》卷二：“如人以手指月示人，彼人因指当应看月。若复观指以为月体，此人岂唯亡失月轮，亦亡其指。”龙树《大智度论》卷九也写道："如人以指指月，以示惑者。惑者视指而不视月。……此亦如是，语为义指，语非义也"。意思是说，文字语言（"指"）是教人认识佛法（"月"）的一种途径，目的在领会佛教的精神；如果拘泥或执着于名相言教，并以此为佛法本身，那就永远达不到解脱目的。禅宗成立后，便借此思想大力发挥它"不立文字，教外别传"的教义。

瞿汝稷，字元立，号幻寄、那罗窟学人，又称槃谈。苏州常熟（今江苏常熟市）人。据《居士传》卷四十四载："以父文懿公荫为官。历黄州知府，徙邵武，再守辰州，迁长芦盐运使。其在官以名节自厉，清望归之。以太仆少卿致仕。元立受业于管东溟，学通内外，尤尽心于佛法。时径山刻《大藏》（指《径山藏》，又称《嘉兴藏》），元立为文导诸众信，破除异论，其言曰：'儒佛之是非，黄老之秘密，与夫百家之雄辨，一言蔽之而有余也。佐尧而尧，佐舜而舜，父以之而慈，子以之而孝，护法以之而护诸众生，帝释以之而离爱，梵天……故济我于一时者，不及济我于一世也。俾我一世而得所安者，不如使我浩劫得所安者也。求济我于浩劫者，非如来之教而何？姑未敢论受。'元立尝上溯诸佛，下逮宗门，撮其语要为《指月录》，盛行于世。"（《续藏经》第壹辑，第贰编乙，第二十二套，第五册）可见瞿汝稷是一生为官的士大夫，他崇儒也信佛，把儒佛放在其他思想流派之上。他对佛不但推崇备至，而且有深入的研究。

关于他对佛学的爱好，以及《指月录》的编集过程，其书前的作于万历三十年（公元一六〇二年）夏五月的《水月斋指月录原序》中有更具体的描述：

予垂髫则好读竺坟（指佛典），尤好宗门（指禅宗）家言。及岁乙亥夏，侍管师东溟先生于郡之竹堂寺，幸以焦芽与沾甘露，开蔽良多。既而师则朝彻，蝉蜕五宗，掩耳不欲复闻，予则沈酣，于是……于是在架之书，率多宗门家言，每读之，如一瓶一钵，从诸耆宿于长林深壑。虽人间波涛际天，埃壒蔽日，予席枕此，如握灵犀，得辟尘流之妙，彼涔澝堀堁，莫能我侵矣。意适处，辄手录之。当点笔意适，虽圭组见逼，必谢之，儿稚牵挽，必谢之。寒暑之薄肌骨，饥渴之迫脏腑，有不暇顾，肯移意他好之杂陈耶？僻而至是，奚必人强，予固自强矣。至乙未，积录有三十二卷。

从瞿汝稷这段自述中可以看出，他从小就喜欢读佛教经典，尤其是喜欢“宗门家言”，即那些载有禅门耆宿言语的灯录、语录、禅史、禅论一类的书籍。他虽然师承过有名的儒师管志道，受益良多，却依然沉浸在对禅宗的喜好当中，一切都无法改变他这一志趣。他书架上存放的书，大多是禅宗方面的书籍，每当读到契合心意之处，便随手抄。这样到了万历二十三年，就已经积成三十二卷。

从瞿氏的序中还可以看出，书稿完成以后，先是由友人陈孟起抄录了两部，六年后，才由同乡严澂（字道澈）校订印刷。书前还附有严澂作的《刻指月录发愿偈》。

清代聂先在《续指月录》凡例中介绍，“严天池水月斋原刻瞿本，每叶（页）用十一行二十一字，海内翻本无不宗之。惟扬之天宁、杭之灵隐工刻，俱有句读小圈，读之甚便。且每叶板心，注每师名号三小字，更便查阅”（《续藏经》第壹辑，第贰编乙，第十六套，第四册）。目前所能见到的较早的本子，是清代同治年间杭州昭庆寺刻本。书前有“后学梅岩释开慧捐资重梓，后学释义行重阅”的字样，书末有“浙江省宁波府天童寺退居比丘继传，信具暨善姓等仝刊”的字样。书的行数、字数、版心注、每位禅师名号小字，全都相同，唯独句读小圈未见。公元一九九一年七月江苏广陵古籍刻印社将同治本影印出版五百套，把原来十册，改为四册精装。上面有用毛笔点上去的圈和点，但显然是后人在读书时点上去的，而不是原来印刷时所有。

日本人编《续藏经》将《指月录》收入第壹辑，第贰编乙，第十六套，第一至四册。卷首也有“后学梅岩释开慧捐资重梓，后学释义行重阅”的字样。开慧、义行两位僧人是否是同治时人，尚不知晓，但同样可以判定《续藏经》所取的就是同治本。其中一个重要的理由是二本内容无异，连错字、衍文全都相同。《续藏经》中有句读小圈，对其中明显的错字、衍文虽未改正，却在书眉上标出“疑脱某字”“某字疑为衍文”“某字疑为某字”的字样。本书所选自的版本，就是同治本，个别错字、衍文在注解中予以纠正。

《指月录》虽然没有以灯录命名，但究其性质而言，与灯录并没有什么两样。它也是以禅宗的传法世次为经，以禅师和受禅的居士的生平事迹、机缘语句为纬，编织起来的禅宗谱系类作品。清代康熙年间，聂先编成《续指月录》，孙宗彝就曾写信给校刊者江湘，建议改名为灯录。他说：“窃见大编，详于世裔，政可上接传灯，……及此枣梨初试，或仍传灯之名，可乎？惟高明喝正之。”（《孙孝则先生书问》，上海涵芬楼影印本，《续藏经》第壹辑，第贰编乙，第十六套，第四册）

但《指月录》在编集体例上同其他灯录又有许多不同。一般灯录在标列世次时，都采用三级标题。第一级标题是以南岳怀让、青原行思或六祖惠能“某世”的名义立的，第二级标题是以某禅师“法嗣”的名义立的，第三级标题是书中要具体记叙的这位禅师的一个弟子。

而《指月录》则在目录中于“六祖下某世”下面直接叙列属于这一世的各派的众多人物。并在人物的称谓之末，标注他是某禅师的“法嗣”，因而删去了一般灯录中的第二级标题。至于正文，则不再标注“法嗣”，只是在六祖下某世中所录的第一位禅师的旁边，用硬括号标明〔南岳〕〔青原〕等字样。另外五宗和临济二派的创始人的旁边也用硬括号标出〔沩仰〕〔云门〕〔杨岐〕等字样。

此外，《指月录》大大发扬了以往灯录，特别是《联灯会要》在正文中间夹带附录的做法，内容包括对所采用资料的辨析，禅宗名宿的拈颂评唱以及作者对该公案的议论。不仅保存了一些宝贵的资料，而且为读者阅读提供了参考。如记叙释迦牟尼佛出世时，“一手指天，一手指地，周行七步，目顾四方，曰：‘天上天下，唯吾独尊。’”紧接着附录云：“云门云：‘我当时若见，一棒打杀与狗子吃，贵图天下太平！’云峰悦云：‘云门虽有定乱之谋，且无出身之路。’”

再如“南泉斩猫”公案下面附录云：“又归宗禅师

划草次，有讲僧来参。忽有一蛇过，师以锄断之。僧曰：‘久向归宗，原来是个粗行沙门。’师曰：‘你粗我粗？’曰：‘如何是粗？’师竖起锄头。曰：‘如何是细？’师作斩蛇势。曰：‘与么则依而行之。’师曰：‘依而行之且置，你甚处见我斩蛇？’僧无对。

“雪峰问德山：‘南泉斩猫，意旨如何？’德山以拄杖便打趁出，复召云：‘会么？’峰云：‘不会。’山云：‘我与么老婆心切，犹自不会。’”可见把这些公案放在一起参读，可以收到相得益彰、生趣盎然之效。

《指月录》在内容上也有不同于其他灯录之处。它不只是禅宗传法历史的记述，而且兼有使人因此书而见道的意思；因为一切言教无非为入道而设的方便，如以指指月，使人因指而见月。孙宗彝也说：“编名指月，顾名思义，指月重在法要，不在源流。”（《孙孝则先生书问》）所以说它既是灯录的一种，但又不完全同于灯录。它是以记机缘语句为主，对各种灯录的内容做了大量的剪裁和删节。不仅没有机语的禅师一概不录，许多有机语的禅师也被删去，而对所收的人物的内容又有所补充，这样它在传记方面的价值就更和前代《灯录》无法相比了。

如《景德传灯录》比它少两卷，所收人物也只是到青原下第十一世，却记了一千七百余人，有机缘语句者就有九百五十四人；而《指月录》直到六祖下第十六世（相当于青原下第十五世），却只记了六百五十人的机缘语句，而且又是对前代《灯录》的加工整理而成，所以把它作为学术研究的资料，则不是十分适宜的。

正是由于《指月录》有这样一些特点甚至是缺点，也使这部书有了特有的价值而受到人们的普遍欢迎。聂先《续指月录凡例》说："虞山瞿幻寄先生《指月录》一书，先是严天池先生水月斋初刻，为禅林秘宝，海内盛行。板经数易，后如破山禅师翻刻东塔禅堂，具德禅师两镌天宁、灵隐，甚至斗大茅庵，亦皆供奉，腰包衲子，无不肩携。儒者谈禅之书，未有盛于此本者也。"

《指月录》的广泛流传，以至于产生了负作用，也有人对其加以指责，认为瞿氏功过参半："近世魔外盛行，宗风衰落，盲棒瞎喝，予圣自雄。究其所学，下者目不识丁，高者不过携《指月录》一部而已。……习禅者不读一大藏契经，不睹经论撰述之大全，止以《指月录》一部为谈柄，遂自命曰'善知识'，皆自诳自欺者也。故使从上纲宗，源远流长，如水归壑者，固瞿子之功；使盲棒瞎喝，一知半解如萤窃火者，亦瞿子之过也。"（余怀《续指月录序》，《续藏经》第壹辑，第贰编乙，第十六套，第四册，第三七三页）从这带有批评的意见当中也可以看到《指月录》深受人们欢迎的情形。

总之，对于世人来说，《指月录》无论在材料的编排裁剪上或是在文字语言运用上，都有较大的吸引力，成为一部颇合口味的禅学读本，至今仍受僧俗一般读者的欢迎。

《指月录》作为儒者谈禅之书的体现之一就是对大慧宗杲禅学的偏爱。书中六祖惠能大师只占一卷，而宗杲却占两卷。

总的说来，大慧宗杲禅学有三个特点：一个是他反对“默照禅”，创立“看话禅”，继承和发展了公案禅。第二个特点是由于当时社会环境的作用，他在一定程度上将禅学和儒学融合起来，特别是提倡儒家经常强调的“忠义之心”。

潘桂明先生说：“大慧宗杲根据自己的切身感受，曾明确表示，禅学和儒学应该说是统一的，而且也能够统一，两者可以同时体现在一个人身上。他说：‘若知径山落处，禅状元即是儒状元，儒状元即是禅状元。’‘若透得狗子无佛性话，……儒即释，释即儒；僧即俗，俗即僧；凡即圣，圣即凡。’这是他有意将长期流传的儒释合一思想加以具体落实。他还通过对现实社会的批判，从大乘佛教的平等观念出发，进而提出，佛教徒众也应与世俗忠义之士一样，具有忠君爱国的思想品格。”(《中国禅宗思想历程》大陆版，今日

中国出版社，一九九二年十一月版，第五〇八页）

大慧宗杲禅学的再一个特点就是论士大夫禅学。他对士大夫禅学给予严肃的批判和热情引导。潘桂明先生说："大慧宗杲在士大夫禅学方面，付出了极大的精力，花费了巨大的心血。他既坚持了看话禅的基本原则，又表现出一定程度的灵活机动。通过他的不懈努力，在很大程度上挽救了禅宗的危机，扩大了士大夫禅学的社会影响，在禅宗史上留下重要一页。……宗杲提倡的士大夫禅学应该被视为明清佛教乃至近代佛教的先导；明清佛教大体上是对宗杲看话禅和士大夫禅的继承、发扬，除了更加注重净土归向外，没有任何更新的内容。从这一意义上也可以说，大慧宗杲既结束了前一个时代，又开创了后一个时代，在中国禅宗史上应有特殊的地位。"（同上）

中国的士大夫和自幼出家的僧人不同，他们大多受到了儒家思想的影响。大慧宗杲对这些人的参禅活动给予指导和批评。瞿汝稷本人就是士大夫，他的老师管东溟也主张儒释融合，所以宗杲的禅学必有许多契合他的心意之处。不仅特意以两卷来录宗杲的语录，附录中多引宗杲语，而且还曾明确表示对大慧宗杲禅学的推崇。这就表现在六祖下第九世《莲花峰祥庵主》章中的一段附录里。附录中举一大段圆悟克勤的话后说：

此圆悟老人所举扬古公案，世所谓评唱。大慧亟毁其板，不令流行者，正恐使宗家入讲窟，孤达磨西来之意，永塞悟门也。至流而为万松林泉，则直是魔罥，较此又在下风矣。聊举一以蔽诸，览者尝一脔而知全鼎哉。《指月录》评唱，止录此则，及南泉与陆亘对牡丹花两则。

自公案产生，至宋代公案禅盛行，禅僧日常生活趋于公式化，禅的问答日益形式化。文字禅成为公案运用的基本手段，使唐末五代禅宗所具的独特个性丧失殆尽。大慧宗杲有鉴于此，决定另辟蹊径、独树一帜，乃至不惜焚毁其师圆悟克勤《碧岩录》一书的刻板。

瞿汝稷对此表示赞赏，《指月录》中所录就是侧重“看话禅”一类的意在使人顿时开悟的机缘语句，而不是像《碧岩录》一类的细致分析讲解的“文字禅”。可以说《指月录》较为客观真实地反映了禅宗发展的基本风貌，与他受大慧宗杲的影响有直接关系，因为宗杲就是主张恢复唐末五代那种生动活泼的禅风。瞿氏的书也因为具有这些特点而受到广泛的欢迎，影响到后世禅风。至于出现“盲棒瞎喝”，那是后人自己的问题，不该看作“瞿子之过”。

《指月录》记上自七佛，下至六祖下第十六世六百五十人。较为著名的禅师除了记其机缘语句以外，还介绍其籍贯、出家受业经过、卒年、世寿、僧腊、谥号、塔名等，一般禅师则只记机缘语句。

本书在节选过程中，遵照瞿氏的精神，除了特别著名的禅师宗师，一般不录他的生平事迹，只录他的机缘语句。由于篇幅只是原著的百分之三左右，因而所选的都是禅宗史上著名人物的著名公案语句，附录一概省略。入选人物也只是原著百分之七多一点，自然就失去了传史的作用，因而每一世开头以及某宗某派创始人旁边用硬括号标注的小字也一律取消，只在总目录中保留原有的某宗某某法嗣的小字标注。

原书共三十二卷，但其中又分出七佛、应化圣贤、西天祖师、东土祖师、二祖、四祖、五祖、六祖、旁出法嗣、未详法嗣、六祖下一世至六祖下十六世。节选时以后一分法来分节，将原来的卷数取消。按照这一节选标准和形式，除了本书目录中列出的人物以外，尚有如下内容未被选入：

七佛中毗婆尸佛等六佛和诸师拈颂诸经语句。

应化圣贤中的天亲菩萨等二十二位圣贤。

西天祖师中的三祖商那和修尊者等二十四位祖师。

东土祖师中的二祖慧可大祖禅师等三位祖师。

六祖下第一世全录。

六祖下第二世全录。

旁出法嗣中的僧那禅师等十四位禅师、居士。

未详法嗣中的泗州塔头等五十七则。

六祖下第三世中的池州鲁山宝云禅师等三十九位禅师。

六祖下第四世中的杭州大慈寰中禅师等三十九位禅师。

六祖下第五世中的睦州陈尊宿等三十位禅师。

六祖下第六世中的抚州疏山匡仁禅师等七位禅师。

六祖下第七世中的吉州资福如宝禅师等三十七位禅师。

六祖下第八世的吉州资福贞邃禅师等四十位禅师、居士。

六祖下第九世中的汝州首山省念禅师等十六位禅师。

六祖下第十世中的汾州太子院善昭禅师等二十八位禅师、居士。

六祖下第十一世中的瑞州大愚守芝禅师等三十二位禅师、居士。

六祖下第十二世中的金陵蒋山赞元禅师等十八位禅

师、居士。

六祖下第十三世中的潭州云盖守智禅师等十八位禅师、居士。

六祖下第十四世中的隆兴府黄龙悟新禅师等三十二位禅师、居士。

六祖下第十五世中的吉州禾山慧方禅师等三十位禅师、居士。

六祖下第十六世中的嘉兴府报恩法常首座等三十六位禅师、居士。

经
典

1　七佛

释迦牟尼佛

原典

释迦牟尼佛，姓刹利，父净饭王，母摩耶刹利氏。自天地更始[①]，阎浮洲[②]初辟已来，世为王佛，历劫[③]修行。值燃灯佛[④]授记[⑤]，于此劫作佛。

后于迦叶佛[⑥]世，以菩萨成道。上生睹史陀天，名护明大士。及应运时至，乃降神于摩耶，当此土周昭王二十四年甲寅[⑦]四月初八日，自摩耶右胁诞生。生时放大智[⑧]光明[⑨]，照十方世界[⑩]。地涌金莲花，自然捧双足。一手指天，一手指地，周行七步，目顾四方，曰："天上天下，唯吾独尊。"

注释

① **更始：** 重新开始。

② **阎浮洲：** 又称阎浮提，梵语，即南赡部洲。因为洲上阎浮树最多，所以称为阎浮洲或阎浮提。世俗讲的阎浮洲指中华及东方诸国，其实佛经上则是专指印度而言。

③ **历劫：** 佛教把宇宙在时间上一成一毁叫作劫。宇宙无穷，成毁也无穷。经历宇宙的成毁称为历劫。

④ **燃灯佛：** 亦即然灯佛，梵文 Dīpaṃkara 的意译，音译提和竭罗，亦译锭光佛。《大智度论》卷九说他出生时身边一切光明如灯。据《瑞应本起经》卷上，释迦牟尼前世曾买五茎莲花贡献该佛，所以被预言九十一劫后“此贤劫（现在之劫）”成佛。

⑤ **授记：** 梵语“和伽罗那”。佛对发心修行的人授予将来成果做佛的预记。

⑥ **迦叶佛：** 七佛中第六佛。《长阿含经》卷一说他在“此贤劫（人寿两万岁）”时出世，举行过一次法会，有弟子二万人参加。

⑦ **周昭王二十四年甲寅：** 公元前九七一年。关于释迦牟尼生卒年代，南传和北传的佛教有不同说法。据汉译《善见律毗婆沙》“出律记”，推断为前五六五年至

前四八六年。《辞源》作前五六三年至前四八三年。

⑧ **大智：**广大的智慧，通达一切事理。

⑨ **光明：**自莹叫作光，照物叫作明。佛教所说的光明是智慧之相。

⑩ **十方世界：**东、西、南、北、东南、西南、西北、东北、上、下十方有情世界无量无边，所以叫作十方世界。

译文

释迦牟尼佛，姓刹利，父亲为净饭王，母亲是摩耶刹利氏。自宇宙天地重新开始，阎浮洲最初开辟以来，世世代代作为王佛，修行的时间已经经历了宇宙的一成一毁。遇燃灯佛预记，在此贤劫做佛。

后来，到迦叶佛世，以菩萨修成道行。在上生于睹史陀天，名字称护明大士。等到应运的时间一到，便入胎于摩耶夫人身上，相当于中土周昭王二十四年甲寅四月初八那天，从摩耶的右胁诞生。出生时便放射出广大的智慧光明，照耀十方世界。地上涌出金色莲花，自然地托着他的双脚。他一手指着天，一手指着地，向四周各走了七步，目视四方，说：“天上天下，唯独我至上至尊。”

原典

乃于穆王三年癸未[①]岁二月七日之夕，入正三昧[②]。至八日，明星出时，廓然大悟，成等正觉[③]。乃叹曰："奇哉！一切众生具有如来智慧[④]德相，但以妄想执着，不能证得[⑤]。"时年三十矣。

注释

① **穆王三年癸未：**此时距周昭王二十四年仅为三年，显然有误。据翦伯赞主编《中外历史年表》，周昭王在位仅二十四年，不是五十一年。瞿氏书中认为释迦"欲求出家"在周昭王四十二年，也是不确切的。

② **三昧：**又作三摩提或三摩帝。梵文音译。意为定、正定等，即排除一切杂念，使心神平静。

③ **等正觉：**梵语三藐三菩提的意译，意为遍知一切，即感觉认知合乎道理，脱离邪妄，又遍该一切之意。

④ **智慧：**梵语若那 Jñāna 译为智，般若 Prajñā 译作慧；决断叫作智，简择叫作慧。

⑤ **证得：**以正确的心智如实证悟真理。

译文

在周穆王三年癸未岁二月七日的晚上，进入了正定三昧。到了八日，启明星出现的时候，豁然大彻大悟，修成了能正确认识一切、无所不包的等正觉。于是感叹道：“奇怪啊！一切芸芸众生都具有本来的智慧和德相，只是由于妄想和执迷不悟，才无法靠正确的心智如实证悟真理。”这一年他已经三十岁了。

原典

世尊①一日升座，迦叶白椎②曰：“世尊说法竟！”便下座。

注释

① **世尊：**佛教对释迦牟尼的尊称，意思是说释迦牟尼是娑婆世界的教主，为世所尊。

② **白椎：**又叫白槌。鸣椎白事，称为白椎。然而禅林唯独把开堂时敲椎称白椎。

译文

世尊有一天刚坐到座位上，迦叶就敲了一下椎子说：“世尊说法已经完毕！”世尊便起身下座。

原典

世尊示随色摩尼珠[①]，问五方天王："此珠所作何色？"时五方天王互说异色。世尊藏珠，复抬手曰："此珠作何色？"天王曰："佛手中无珠，何处有色？"世尊曰："汝何迷倒之甚！吾将世珠示之，便强说有青、黄、赤、白色，吾将真珠示之，便总不知。"时五方天王悉自悟道。

注释

① **摩尼珠：**宝珠。摩尼，梵语 Maṇi 的音译，也作末尼，意译为珠宝、如意、离垢，珠的总称。

译文

世尊拿着随色变化的宝珠，问五方天王："这珠子是什么颜色？"这时五方天王各说一种颜色，都不一样。世尊藏起珠子，又抬手说："这个珠子是什么颜色？"五方天王说："佛手中没有珠子，哪里还有什么颜色？"世尊说："你们是多么迷惑糊涂啊！我把世俗的珠子给你们看，就硬说有青色、黄色、红色、白色，我把真的珠子给你们看，就都不知道了。"当时五方天王全都自己悟了道。

原典

世尊因黑氏梵志[①]献合欢梧桐花，佛召："仙人[②]放下着！"梵志放下左手一株花。佛又召："仙人放下着！"梵志又放下右手一株花。佛又召："仙人放下着！"梵志曰："吾今两手俱空，更教放下个什么？"佛曰："吾非教汝放舍其花，汝当放舍外六尘[③]，内六根[④]，中六识[⑤]，一时舍却，无可舍处，是汝放身命处。"梵志于言下悟无生忍[⑥]。

注释

① **梵志：**梵文 Brahmacārin 的意译。通称一切外道的出家者。

② **仙人：**梵文 Ṛṣi 的意译。婆罗门教和印度教用以指吠陀颂诗的作者，后泛指一般的圣人。

③ **外六尘：**六境，十二处中的"外六处"，十八界中的"六境界"，指眼、耳、鼻、舌、身、意六识所感觉认识到的六种境界，即：色、声、香、味、触、法。

④ **内六根：**梵文 Ṣaḍindriyāṇi 的意译。也叫六情。十二处之"内六处"，十八界之"六根界"。指眼、耳、鼻、舌、身、意具有能取相应之六境，生长相应之六识的六种功能。

⑤ **中六识：** 梵文 Ṣaḍvijñāna 的意译。对“识”所做的分类。十八界中的“六识界”，指依据六根对于六境生起见、闻、嗅、味、触、思虑等作用的眼识、耳识、鼻识、舌识、身识、意识。

⑥ **无生忍：** 无生，也叫无生法，与涅槃、实相、法性等含义相同。认为现象之生灭变化，都是世间众生虚妄分别的产物，本质在于无生。“无生”即“无灭”，故寂静如涅槃，为诸法实相、真如。达到对无生的认识，称为无生忍或无生法忍。修得无生，即是涅槃。

译文

世尊因黑氏梵志向他献合欢梧桐花，便招呼道：“仙人放下吧！”梵志便放下了左手的一株花。佛又招呼道：“仙人放下吧！”梵志又放下了右手上的一株花。佛又招呼道：“仙人放下吧！”梵志说：“我现在两手都空了，还让我放下个什么？”佛说：“我并不是叫你放弃那些花，你应当放弃外六尘，内六根，中六识，将这些一齐舍弃，在那无可舍弃的地方正是你放下身家性命之处。”梵志听了这番话，体悟到了没有生也就无所谓灭的道理。

原典

世尊因五通仙人问："世尊有六通[①]，我有五通，如何是那一通？"佛召五通仙人，仙人应诺，佛曰："那一通，你问我？"

注释

① **六通：**梵文 Ṣaḍabhijñāḥ 的意译，说的是佛、菩萨、阿罗汉所具有的通过禅定所得到的神变力。神足通、天眼通、天耳通、他心通、宿命通为"五通"，五通再加上"漏尽智证通"，合为六通。

译文

有五通仙人问："世尊您有六通，我只有五通，什么是那一通？"佛招呼五通仙人，五通仙人应诺，佛说："那一通，你却问我？"

原典

世尊尝于阿难行次，见一古佛塔，世尊便作礼。阿难曰："此是什么人塔？"世尊曰："过去诸佛塔。"阿难曰："过去诸佛是什么人弟子？"世尊曰："是吾弟子。”阿难曰：“应当如是。”

世尊因自恣日[①]，文殊三处过夏[②]，迦叶欲白椎摈出。才拈椎，乃见百千万亿文殊。迦叶尽其神力，椎不能举。世尊遂问迦叶：“汝拟摈那个文殊？”迦叶无对。

注释

① **自恣日：**自恣，梵文 Pravāraṇā 的意译，亦译作随意。佛教仪式。佛教徒每年夏安居期满之日举行检举忏悔集会，请别人尽情揭发自己的过失，自己进行忏悔；同时也随别人的意愿，尽情检举其过。此日称僧自恣日，也称僧受岁日、佛欢喜日。

② **过夏：**也叫坐夏、夏安居。佛教规定夏天僧人要安居九十日。中国佛教的夏安居从四月十六日至七月十五日（阴历），在此期间，僧人禁止外出，应在寺内修习，接受供养。

译文

世尊曾经在与阿难出行时，见到了一座古佛塔，世尊便礼拜。阿难说：“这是什么人的塔？”世尊说：“这是过去诸佛的塔。”阿难说：“过去诸佛是什么人的弟子？”世尊说：“是我的弟子。”阿难说：“应当这样。”

在自恣日那天，由于文殊不守规矩，在多处过夏，迦叶想拿起椎将他赶出。可是才去抓椎，就见成万上亿的文殊。迦叶用尽他的神力，椎还是抬不起来。世尊于是问迦叶："你想赶哪个文殊？"迦叶回答不上来。

原典

城东有一老母，与佛同生，不欲见佛，每见佛来，即便回避。虽然如此，回顾东西，总皆是佛，遂以手掩面，乃至十指掌中，总皆是佛。

世尊因文殊至诸佛集处，值诸佛各还本处，唯有一女人近于佛坐而入三昧。文殊乃白佛："云何此人得近佛，而我不得？"佛告文殊："汝但觉此女，令从三昧起，汝自问之。"文殊绕女人三匝，鸣指一下，乃托至梵天[①]，尽其神力，而不能出。

世尊曰："假使百千文殊亦出此女人定不得，下方过四十二恒河沙[②]国土有罔明菩萨，能出此女人定。"须臾，罔明大士从地涌出，作礼世尊。世尊敕罔明出。罔明却至女子前，鸣指一下，女子于是从定而出。

注释

① **梵天：**梵文 Brahmā。佛经有梵众天，为梵民所

居；梵辅天，为梵佐所居；大梵天，为梵王所居。统称梵天。此天脱离欲界之淫欲，寂静清净，所以叫作梵天。

② **恒河沙**：恒河，河名，位于今印度与孟加拉国境内。恒河沙数一般比喻数量不胜其多。

译文

城东有一个老母，和佛是同一天出生的，不想见佛，每当见到佛走过来，便立刻躲避。虽说是这样，东西回头一看，总都是佛，于是用手捂脸，以至十指手掌之中，到处都是佛。

文殊到了诸佛会集之处，正赶上诸佛各自归还本处，唯独有一个女子靠近佛坐下而入三昧。于是文殊对佛说："为什么这个人能接近佛，而我却不能？"佛告诉文殊说："只要你把这个女子弄醒，使她从三昧中出来，你自己去问她。"文殊绕着女子走了三圈，弹了一个响指，便将她托到梵天，用尽他的神力却仍然不能使她从入定状态中出来。

世尊说："即使百千个文殊也不能使这个女子从入定状态中出来，下方过四十二恒河沙的国土有个罔明菩萨，能叫这个女子从入定状态中出来。"不一会儿，罔明大士从地里涌现出来，向世尊施礼。世尊令他将这个女子从定中叫出来。罔明来到女子面前，弹了一个响指，女子就从定中出来了。

原典

殃崛摩罗因持钵至一长者[①]门，其家妇人正值产难。长者曰："瞿昙[②]弟子，汝为至圣，当有何法，能免产难？"殃崛语长者曰："我乍入道，未知此法，待我回问世尊，却来相报。"及返具事白佛。佛告殃崛："汝速去报，言我从贤圣法来，未曾杀生。"殃崛奉佛语疾往告之。其妇得闻，当时分娩。

注释

① **长者：** 佛经称具备十德者为长者。十德谓：姓贵、位高、大富、威猛、智深、年耆、行净、礼备、上叹、下归。

② **瞿昙：** 梵语音译。也作乔达摩。释迦牟尼之姓，后以瞿昙作为佛之代称。

译文

殃崛摩罗拿着钵来到一位长者家的门前，正赶上那家的妇人难产。长者说："在瞿昙的弟子当中，你是最贤圣的，你有什么方法，能免除难产？"殃崛对长者说："我刚刚入道学习佛法，还不会这种法术，等我回去问问世尊，再来告诉你。"等到回去以后，详细地向佛讲了这件事。佛告诉殃崛："你赶快回去告诉他，说我从圣贤佛法那里来，从没有杀过生。"殃崛带着佛的话飞快地前去告诉了长者。那妇人一听，当时就得以分娩。

原典

世尊一日因文殊在门外立，乃曰："文殊，文殊，何不入门来？"文殊曰："我不见一法在门外，何以教我入门？"

无边身菩萨[①]将竹杖量世尊顶，丈六了，又丈六，量到梵天，不见世尊顶。乃掷下竹杖，合掌说偈云：

虚空无有边，佛功德亦然。
若有能量者，穷劫不可尽。

注释

① **无边身菩萨：** 如来的别名。《传心法要》曰："问：'无边身菩萨为什么不见如来顶相？'师云：

‘实无可见。何以故？无边身菩萨便是如来，不应更见。……但无诸见，即是无边身；若有见处，即名外道。’”

译文

世尊有一天因文殊在门外站着，就说：“文殊，文殊，为什么不进门来？”文殊说：“我没看到有一法在门外，怎么叫我进门？”

无边身菩萨用竹杖量世尊，从脚到顶量了六根竹杖，后又量了六根竹杖，一直量到梵天，还是见不到世尊的头顶。于是扔下竹杖，合掌说偈道：“虚空无际无边，佛的功德也像这样一般。如果有谁能去丈量，任你用宇宙一成一毁的时间也量不完。”

原典

世尊在第六天①说《大集经》②，敕③他方此土、人间天上，一切狞恶鬼神悉皆辑会，受佛付嘱④，拥护正法。设有不赴者，四天门王⑤飞热铁轮追之，令集。既集会已，无有不顺佛敕者，各发弘誓⑥，拥护正法。唯有一魔王谓世尊曰：“瞿昙，我待一切众生成佛尽，众生界空，无有众生名字，我乃发菩提心⑦。”

注释

① **第六天：** 欲界之天共有六重，第六重他化自在天叫作第六天，是欲界最顶上一重。

②**《大集经》：**《大方等大集经》。梵文Mahā-vaipulya-mahā-saṃnipāta-sūtra。大集部诸经的汇编。北凉昙无谶等译。六十卷。

③ **敕：** 诫饬、告诫。

④ **付嘱：** 又叫付属。付是付予东西，属是托付事情，嘱是用言语寄托心中所想。

⑤ **四天门王：** 亦称护世四天王。印度佛教传说，须弥山腰有一山名犍陀罗山，山有四峰，各有一王居之，各护一天下，故名。

⑥ **弘誓：** 宏大的誓愿，梵名僧那。

⑦ **菩提心：** 菩提，梵语意译为正觉。即明辨善恶、觉悟真理之意。求正觉之心，就叫作菩提心。

译文

世尊在第六重他化自在天上讲说《大集经》，命令他方此地、人间天上，一切狰狞凶恶的鬼神都去赴会，受佛的训诲，让他们拥护正法。如果有谁不去赴会，四天门王就会飞热铁轮追赶他们，使他们参加。在集会听法以后，没有不顺从佛的教诲的，都许下宏大的誓愿，拥护正法。只有一个魔王对世尊说："瞿昙，我等一切众生全都成佛，众生界里空无一人，再也没有众生这个名字了，我才发菩提心，觉悟真理。"

原典

世尊因调达[①]谤佛，生身[②]入地狱，遂令阿难问："你在地狱中安否？"曰："我虽在地狱，如三禅天[③]乐。"佛又令问："你还求出否？"曰："我待世尊来便出。"阿难曰："佛是三界[④]导师，岂有入地狱分？"调达曰："佛既无入地狱分，我岂有出地狱分？"

注释

① **调达：** 又作提婆达多、调婆达多。指犯五逆罪，破坏僧团，与佛陀敌对之恶比丘。

② **生身：** 诸佛、菩萨有法身和生身两个身。证悟到真理之体叫法身，为济度众生而托于父母胎生之肉身叫生身。

③ **三禅天：** 唯有意识活动，与乐受、舍受（非苦非乐之感受）相应。

④ **三界：**梵文 Trayo-dhātavaḥ。佛教把世俗世界划分为欲界、色界、无色界，都处在“生死轮回”的过程之中。三界即这种有情众生存在的三个境界。

译文

世尊因调达诽谤他，遭受下地狱的果报，便派阿难去问：“你在地狱中安心吗？”调达说：“我虽然在地狱中，就像在三禅天那么快乐。”佛又让阿难问：“你还要求出来吗？”调达说：“我等世尊来我就出去。”阿难说：“佛是三界的导师，岂有入地狱的道理？”调达说：“佛既然没有入地狱的道理，我难道有出地狱的道理？”

原典

世尊因外道[①]问：“不问有言，不问无言[②]？”世尊良久，外道叹曰：“世尊大慈大悲，开我迷云，令我得入！”作礼而去。阿难白佛：“外道得何道理，称赞而去？”世尊曰：“如世良马，见鞭影而行。”

注释

① **外道：**指佛教之外其他宗教哲学派别。外道

种类说法不一，主要指释迦牟尼在世时的六师外道和九十六种外道。

② **无言：** 又叫无言行或无言戒，是奉行无言的一种佛法。

译文

世尊因外道问他："不问有言语，也不问没有言语，怎么办？"便好长时间默不作声，外道感叹说："世尊果然大慈大悲，拨开我心中的迷云，使我得以入道！"施礼之后便走了。阿难问佛："外道得到了什么道理，就赞叹着离开了？"世尊说："这就好比世上那些好马，看到鞭影就知道向前走。"

原典

世尊在灵山会上[①]，拈花示众。是时众皆默然，唯迦叶尊者[②]破颜微笑。世尊曰："吾有正法眼藏[③]，涅槃[④]妙心，实相[⑤]无相[⑥]，微妙法门[⑦]，不立文字，教外别传[⑧]，付嘱摩诃迦叶。"

注释

① **灵山会上：** 世尊在灵鹫山说法度生时之会座。

有二种说法：一、指演说《法华经》之会座。二、指拈花付法之会座。世尊拈花付法之会座乃后世禅门付法之根本会座，其典故迄今犹广为流传。

② **尊者**：梵文 Ārya 的意译，亦译为圣者。指僧人德智兼备者。

③ **正法眼藏**：也叫清净法眼，泛指佛教之正法。禅宗以全体佛法为“正法”，朗照宇宙叫作“眼”，包含万物叫作“藏”。

④ **涅槃**：梵文 Nirvāṇa 的音译。是佛教全部修习所要达到的最高理想，一般指熄灭“生死”轮回而后获得的一种精神境界。

⑤ **实相**：梵文 Dharmatābhūta-tathatā 的意译。真如、涅槃、性空、法性、无相、真性、实际、实性等，皆为实相之异名。因为世俗认识一切现象均为“假相”，唯有摆脱世俗认识才能显示诸法“常住不变”之真实相状，所以叫作实相。

⑥ **无相**：“相”指现象的相状和性质，亦指认识中的表象和概念，即“名相”。与有相相对。指摆脱世俗之有相认识所得之真如实相。

⑦ **法门**：指通过修习佛法获得佛果的门户。一般指为便于宣传佛法而划分的门类。

⑧ **教外别传：**意谓禅宗微妙之义，不立文字，不用语言，在佛教经典之外，用心心相印的特殊方式传授。

译文

世尊在灵鹫山举行的法会上，拿着一枝花给大众看。当时众人都默不作声，只有迦叶尊者开颜一笑。世尊说："我有正法眼藏，涅槃妙心，真如之相即是无相，微妙玄密的法门，不立语言文字，在经典之外另行传授，交付传授给摩诃迦叶。"

原典

世尊至多子塔[①]前，命摩诃迦叶分座[②]令坐，以僧伽黎[③]围之，遂告曰："吾以正法眼藏，密付于汝，汝当护持[④]，并敕阿难，副贰传化，无令断绝。"而说偈曰：

法本法无法，无法法亦法。
今付无法时，法法何曾法。

尔时，世尊说此偈已，复告迦叶："吾将金缕僧伽黎衣，传付于汝，转授补处[⑤]，至慈氏[⑥]佛出世，勿令朽坏！"迦叶闻偈，头面礼足[⑦]，曰："善哉！善哉！我当依敕，恭顺佛教！"

注释

① **多子塔**：为辟支佛之古迹。

② **分座**：把座位之半分给他人坐，称为分座。禅宗之首座代理住持分担接化的责任，也叫分座。代理住持向大众说法，也叫分座说法。

③ **僧伽黎**：僧服大衣，袈裟的一种，也称僧伽梨。

④ **护持**：禅悟之后须加保持、巩固，称护持。

⑤ **补处**：前佛寂灭以后，成佛而补其处，称为补处。也就是继嗣而成佛的菩萨。

⑥ **慈氏**：弥勒菩萨，因姓“慈”，故称慈氏。

⑦ **礼足**：以头顶触礼佛足，用以表示身心上之绝对归依。又作顶礼、接足作礼、头面礼足、稽首礼足、顶礼双足。

译文

世尊来到多子塔前，命令摩诃迦叶同他并排坐下，用僧伽黎将二人围起来，于是告诉迦叶说：“我现在把正法眼藏，秘密传付给你，你要加以巩固、保持，并派阿难做你的副手，帮助你进行传化，不要让它断绝！”然后说偈道：“学法本来就是学习无法，无法的法也是法，如今付予你无法的时候，学法何曾有过法？”

当时世尊说完这首偈语之后，又告诉迦叶：“我把金缕僧伽黎衣，传授给你，辗转传授给未来绍继佛位的补处菩萨，一直到慈氏佛出世，不要使它腐烂变坏！”迦叶听了偈语，以头和脸礼接佛脚，说：“善哉！善哉！我一定按照吩咐去做，恭恭敬敬地顺承佛的教诲！”

2　应化圣贤

文殊菩萨

原典

文殊菩萨一日令善财[1]采药，曰："是药者采将来！"善财遍观大地，无不是药，却来白曰："无有不是药者。"殊曰："是药者采将来！"善财遂于地上拈一茎草，度与文殊。殊接得示众曰："此药能杀人，亦能活人。"

注释

① **善财**：为《华严经·入法界品》中之求道菩萨，曾南行参访五十五位善知识，遇普贤菩萨而成就佛道。

译文

文殊菩萨有一天命善财去采药，说："只要是药就采来！"善财遍观大地之上，没有不是药的，于是回来告诉文殊："没有什么东西不是药的。"文殊说："只要是药就采来！"善财于是从地上拣起一根草，交给文殊。文殊接过来拿给大家看，说："这药能杀死人，也能救活人。"

维摩大士

原典

维摩会[①]上，三十二菩萨各说不二法门[②]。文殊曰："我于一切法，无言无说，无示无识，离诸问答，是为菩萨入不二法门。"

于是文殊又问维摩："仁者[③]，当说何等是菩萨入不二法门？"维摩默然。文殊赞曰："乃至无有语言文字，是菩萨真入不二法门。"

注释

① **会：**佛教度众生而举行的法会。

② **不二法门**：意为直接入道、不可言传的法门。

③ **仁者**：又单称“仁”，呼他人时的敬称。

译文

在维摩法会上，三十二位菩萨各自讲对不二法门的体会。文殊说：“我对于一切法，没有语言也没有说教，没有显示也没有认识，脱离疑问解答，这就是菩萨进入了不二法门。”

于是文殊又问维摩：“仁者，你说应该怎样才是菩萨悟入了不二法门？”维摩默然不语。文殊赞叹说：“以至于没有语言文字，才是菩萨真正悟入了不二法门。”

须菩提尊者

原典

须菩提尊者，在岩中宴坐[①]，诸天雨花赞叹。者曰：“空中雨花赞叹，复是何人？云何赞叹？”天曰：“我是梵天，敬重尊者善说般若[②]。”者曰：“我于般若，未尝说一字，云何赞叹？”天曰：“如是，尊者无说，我乃无闻，无说无闻，是真说般若。”

尊者一日说法次，帝释[3]雨花。者乃问："此花从天得耶？从地得耶？从人得耶？"释曰："弗也。"者曰："从何得耶？"释乃举手，者曰："如是，如是。"

注释

① **宴坐：** 本意为闲坐。禅宗称坐禅为宴坐。

② **般若：** 又作波若、波罗若等。意为智慧。

③ **帝释：** 佛教称诸天之主为帝释。全名释迦提桓因陀罗。

译文

须菩提尊者，在岩洞中坐禅，诸天落花赞叹。尊者说："空中落花赞叹，又是谁呢？为什么赞叹？"天说："我是梵天，敬重尊者善于讲说般若智慧。"尊者说："我对于般若智慧，从没有说过一个字，为什么赞叹呢？"天说："是这样，尊者没有讲说，我才没有听到，没有说没有听，是真正的般若智慧。"

尊者有一天正在说法，帝释落花。尊者于是问道："这花是从天上来的呢？从地上来的呢？还是从人那里来的呢？"帝释说："不是。"尊者说："从哪里来的呢？"帝释便举起手，尊者说："是这样，是这样。"

舍利弗尊者

原典

舍利弗尊者，因入城，遥见月上女[①]出城。舍利弗心口思维：此姊见佛否？知得忍[②]不得忍否？我当问之。才近便问："大姊往什么处去？"女曰："如舍利弗与么[③]去。"弗曰："我方入城，汝方出城，何言如我恁么去？"女曰："诸佛弟子当依何住[④]？"弗曰："诸佛弟子依大涅槃而住。"女曰："诸佛弟子既依大涅槃而住，我亦如舍利弗与么去。"

注释

① **月上女：**维摩诘之女。生下没有多久时间，即像八岁孩子那么大，由于容姿端正，求婚者不绝。她乘自己选婿之机，向众人说法，大受尊敬，从此随佛学法，与舍利弗对扬深义。

② **忍：**梵文 Kṣānti 的意译。"忍"有忍受、认可等意思。即安于受苦受害而无怨恨和认可佛教真如。

③ **与么：**如此、这样。

④ **住：**指事形成后的相对稳定状态。是梵文 Sthita 的意译。

译文

舍利弗尊者，因要进城，远远就看见月上女出城。舍利弗心里寻思道：这位大姊见到佛了吗？知道得忍还是没得到忍？我一定要去问问她。刚一走近就问："大姊要往什么地方去？"月上女说："像舍利弗一样去。"舍利弗说："我刚要进城，你正要出城，怎么能说像我那样去呢？"月上女说："那些佛的弟子应当归依什么而住定？"舍利弗说："那些佛的弟子归依大涅槃而住定。"月上女说："那些佛的弟子既然归依大涅槃而住定，那么我也像舍利弗这样去。"

鸯崛魔罗尊者

原典

鸯崛魔罗尊者，未出家时，外道受教为憍尸迦[①]，欲登王位，用千人拇指为花冠。已得九百九十九，唯欠一指，遂欲杀母取指。

时佛在灵山，以天眼[②]观之，乃作沙门[③]，在鸯崛前。鸯崛遂释母，欲杀佛。佛徐行，鸯崛急行。追之不及，乃唤曰："瞿昙住住！"佛告曰："我住久矣，是汝不住。"鸯崛闻之，心忽开悟，遂弃刃投佛出家。

注释

① **憍尸迦**：梵文Kauśika的音译，又叫憍支迦。帝释的姓。

② **天眼**：五眼之一，为天趣之眼，所以叫天眼。粗细、远近、一切色相以及众生未来生死之相都能见到。

③ **沙门**：梵文Śramaṇa音译“沙门那”之略称。原为古印度反婆罗门教思潮各个派别出家者的通称，佛教盛行后专指佛教僧侣。

译文

鸯崛魔罗尊者，在没出家的时候，接受了外道邪教为憍尸迦，想登王位，用千人的拇指做花冠。已经得到了九百九十九个，只欠一个指头，于是想杀他的母亲取下指头。

这时佛在灵鹫山上，用天眼看见，就装作成一个沙门，在鸯崛前面走。鸯崛于是放了他的母亲，想杀佛。佛慢慢走，鸯崛快跑。但就是追不上，便喊道：“瞿昙停停！”佛告诉他说：“我停下已经很久了，是你没有停。”鸯崛听了这话，心中忽然开悟，于是丢弃屠刀，投靠佛陀出了家。

善慧大士

原典

梁武帝[①]请讲《金刚经》[②]，士才升座，以尺挥案一下，便下座。帝愕然，圣师曰："陛下还会么？"帝曰："不会。"圣师曰："大士讲经竟。"

又一日，讲经次[③]，帝至，大众皆起，士端坐不动。近臣报曰："圣驾在此，何不起？"士曰："法地若动，一切不安。"

大士一日披衲[④]，顶冠[⑤]，靸履[⑥]，朝见。帝问："是僧耶？"士以手指冠。帝曰："是道耶？"士以手指靸履。帝曰："是俗耶？"士以手指衲衣。有偈曰：

有物先天地，无形本寂寥。
能为万象[⑦]主，不逐四时凋。

又曰：

夜夜抱佛眠，朝朝还共起。起坐镇相随，语默同居止。
纤毫不相离，如身影相似。欲识佛去处，只这语声是。

又曰：

空手把锄头，步行骑水牛。

人在桥上过，桥流水不流。

注释

① **梁武帝**：公元四六四至五四九年，南兰陵人，姓萧，名衍，字叔达。信佛，曾三次舍身同泰寺，在位时寺院遍布境内。

②**《金刚经》**：全一卷。姚秦鸠摩罗什译。略称《金刚般若经》，全名《金刚般若波罗蜜经》，内容主要阐释一切法无我之理。

③ **次**：所在的处所、时间。

④ **衲**：僧衣，即百衲衣。

⑤ **冠**：此处指道冠。

⑥ **履**：此处指儒履。

⑦ **万象**：指自然界的一切事物、景象。

译文

梁武帝请他去讲《金刚经》，大士刚坐到座位上，用抚尺敲了一下桌子，就下了座位。梁武帝很惊愕，供奉僧问："陛下可领会了吗？"武帝回答说："没有领会。"供奉僧说："大士已讲经完毕。"

又有一天，大士正在讲经的时候，梁武帝来了，大众全都站了起来，而大士却端坐不动。武帝的侍臣对他说："圣驾在此，为什么不起来？"大士说："法地若要起动，一切都会不安。"

大士有一天穿着百衲衣，戴着道冠，拖着鞋子去朝见武帝。武帝问："是僧人吗？"大士用手指指道冠。武帝问："是道士吗？"大士用手指指脚上拖着的鞋。武帝问："是俗民吗？"大士用手指指百衲衣。有偈语说："有一种东西在天地形成以前，无影无形本来寂寂寥寥。可是它却是宇宙间万物万象的主宰，不随四季的变化而荣凋。"

又说："夜夜抱着佛睡眠，每天早晨还与它一同而起，行走坐卧总是相伴相随，说话沉默总是同居同止。丝毫不能相离，好比身体和影子相似。想要认识佛的去处，只有这言语声便是。"

又说："空手却拿着锄头，步行却骑着水牛。人在桥的上面走过，桥流水却不流。"

3　西天祖师

一祖摩诃迦叶尊者

原典

尊者一日踏泥次，有一沙弥①见，乃问尊者："何得自为？"者曰："我若不为，谁为我为？"

注释

① **沙弥：**梵文 Śrāmaṇera 的音译。指七岁以上，二十岁以下受过十戒的出家男子。

译文

有一天尊者走路时正在踏平泥泞的路面，有一个沙弥看见了，就问尊者："为什么您亲自去做呢？"尊者说："我要是不做，谁来替我做呢？"

原典

佛涅槃时，尊者在毕钵罗窟[①]。以净天眼[②]，见世尊在熙连河[③]侧，入般涅槃。即至双树，悲恋号泣。佛于金棺出示双足。尊者告诸比丘[④]："佛已荼毗[⑤]，金刚舍利[⑥]非吾等事。宜当结集法眼[⑦]，无令断绝。"乃说偈告曰：

如来弟子，且莫涅槃。
得神通[⑧]者，宜赴结集。

于是得神通者，悉赴耆阇崛山毕钵罗窟。

时阿难为漏[⑨]未尽，不得入会，后证阿罗汉果[⑩]，乃得入。尊者告众言："此阿难比丘，有大智慧，所闻佛法，如水传器，无有遗余。可请彼集修多罗藏[⑪]。"大众默然。尊者告阿难曰："汝今宜宣法眼。"阿难闻语信受[⑫]，观察众心而宣偈言：

比丘诸眷属[⑬]，离佛不庄严[⑭]。
犹如虚空中，众星之无月。

说偈已，礼众僧足，升法座而宣是言："如是我闻：一

的人，应当前去整理佛经。”于是那些得神通的人都赶赴耆阇崛山毕钵罗窟。

这时阿难尚未彻底消除烦恼，没有资格参加这个集会，后来修成了阿罗汉果，才得以入会。尊者告诉大众说：“这是阿难比丘，具有广大的智慧，所听到的佛法，像水注入器皿中一样，没有任何遗漏剩余。可以请他编集修多罗藏。”大众都默不作声。尊者告诉阿难说：“你现在应该宣讲法眼。”阿难听后答应，观察众人的心理而宣偈说：“比丘和受佛传化的人，离开佛就失去了庄严。就好像在虚无缥缈的空中，众星星失去了月亮。”说完偈，就去礼拜众僧的脚，登上法座而宣讲了这些话：“我听说是这样的：一时佛在某处，说了某某经教，以至于人、天等施礼奉行。”

这时尊者问那些僧人：“阿难所说的没有错误吧？”众人都说：“和世尊所说的不差。”

原典

结集既毕，尊者自念衰老，宜入定[①]于鸡足山[②]，以待弥勒，乃召阿难言：“我今不久世间，今将正法付嘱于汝，汝善守护！听吾偈：法法本来法，无法无非法，何于一法中，有法有不法？”偈已，阿难作礼奉命。

注释

① **入定：** 入于禅定。即使心定于一处，止息身、口、意三业。

② **鸡足山：** 梵文Kukkuṭapādagiri。在摩揭陀国（其地在今印度比哈尔邦南部）。也叫狼迹山。

译文

编集完了佛经以后，尊者想到自己已经衰老，应该到鸡足山里入定，以等待弥勒，于是把阿难叫来说道："我在世的时间不多了，现在将正法眼藏交付传授给你，你要好好保护！听我的偈语：学法就要学习本来之法，没有法也就没有什么不是法。何必在一法当中，分出有的是法，有的不是法？"说完偈后，阿难施礼奉命。

二祖阿难尊者

原典

一日白佛言："今日入城见一奇特事。"佛曰："见何奇特事？"者曰："入城见一攒乐人作舞，出城总见无常[1]。"

佛曰："我昨日入城亦见一奇特事。"者曰："未审见何奇特事？"佛曰："我入城时见一攒乐人作舞，出城时亦见乐人作舞。"

注释

① **无常：** 佛教谓世间一切事物不能久住，都处于生、灭、成、坏之中，故称无常。

译文

有一天尊者对佛说："今天进城看到一件非常奇怪的事。"佛说："看到什么奇怪的事？"尊者说："进城的时候看见一群乐人在跳舞，出城的时候却总是看到无常。"

佛说："我昨天进城也见到一件奇怪的事情。"尊者说："不知您见到了什么奇特的事情？"佛回答说："我进城时见到一群乐人在跳舞，出城时也见到一群乐人在跳舞。"

原典

者一日问迦叶曰："师兄，世尊传金缕袈裟外，别传个什么？"迦叶召阿难，阿难应诺。迦叶曰："倒却门前刹竿[①]着。"

注释

① **刹竿：**长竿之上用金铜造成宝珠焰形，立于寺前。“刹”，土田之意，用以表示佛刹，所以叫刹竿。

译文

尊者有一天问迦叶：“师兄，世尊在传金缕袈裟之外，还传授了个什么？”迦叶招呼阿难，阿难应答一声。迦叶说：“门前的刹竿倒了。”

十四祖龙树尊者

原典

十四祖龙树尊者，亦名龙胜。少则能诵“四韦陀”[①]，长而善知众艺，才辩神明。出家入石窟，栖止龙树，为龙众[②]所归。遇摩罗尊者[③]，付法。

后至南印度。彼国之人，多信福业[④]，祖为说法，递相谓曰：“人有福业，世间第一。徒言佛性，谁能睹之？”祖曰：“汝欲见佛性，先须除我慢[⑤]。”彼人曰：“佛性大小？”祖曰：“非大非小，非广非狭，无福无报，不死不生。”彼闻理胜，悉回初心[⑥]。

祖复于座上现自在身[⑦]，如满月轮，一切众惟闻法音，不睹祖相。彼众中有长者子，名迦那提婆，谓众曰："识此相否？"众曰："目所未睹，安能辨识？"提婆曰："此是尊者现佛性体相，以示我等。何以知之？盖以无相三昧[⑧]，形如满月。佛性之义，廓然虚明。"

言讫，轮相即隐，复居本座而说偈言：

身现圆月相，以表诸佛体。
说法无其形，用辨非声色。

彼众闻偈，顿悟无生[⑨]，咸愿出家，以求解脱。祖即为剃发，命诸圣授具[⑩]。

注释

① **"四韦陀"：**四吠陀，婆罗门教的根本经典。指《梨俱吠陀》《夜柔吠陀》《娑摩吠陀》《阿闼婆吠陀》。

② **龙众：**八部众之一。又作龙神。因其具有神力，故称龙神。

③ **摩罗尊者：**西天祖师第十三祖迦毗摩罗尊者。

④ **福业：**感福德之行业。有三福业：一是施福业，施予贫穷之人，由此而获得出世之福利；二是平等福业，以平等的慈悲心爱护一切众生，因而成出世之福利；三是思维福业，以智慧思维观察出世之法，因而成

为出世福善之业。

⑤ **我慢：** 七慢之一。意为不认识“我”乃是五蕴暂时和合，而认为有实我、我所（我之所有）。

⑥ **初心：** 初发之心，尚未经过深行的心。

⑦ **自在身：** 进退无碍叫作自在；心离烦恼的束缚，通达无碍也叫自在。自在身，是指二种自在之一的作用自在，即菩萨在观照真如之后，用现身说法化度众生，圆融自如。

⑧ **无相三昧：** 三三昧（三定）门之第二。又叫无相解脱门。

⑨ **无生：** 涅槃的真理，无生即无灭，所以叫无生。因而明白了无生的道理，就可以破除生灭之烦恼。

⑩ **授具：** 授予僧人具足戒的简称。

译文

十四祖龙树尊者，也叫龙胜。小时候就能诵读“四韦陀”，长大以后擅长多种技艺，辩才无碍好像神明一样。出家以后进入石窟，隐居在龙树，那些各部龙众都来归依。遇到摩罗尊者，付予了他正法眼藏。

后来他到了南印度。那个国家的人，大多相信福业，祖师给他们说法，他们互相议论说：“人们有了福业，便是世间最好的东西。光说佛性，谁能看见？”祖师说：“你们要想见到佛性，必须先除去我慢。”那些人问：“佛性是大是小？”祖师说：“不大不小，不宽不窄，没有福也没有报应，不死也不生。”那些人一听有道理，都回复了本来之心。

祖师又在座上现出了自在身，像满月的月轮，一切闻法众只听见法音，却看不见祖师的形象。在众人当中有一个长者的儿子，名叫迦那提婆，对众人说：“认识这种现相吗？”众人说：“连眼睛都看不见，怎能去辨认呢？”迦那提婆说：“这是尊者为了体现佛性而表现的一种相，以指示我们。怎么知道这个呢？是因为无相三昧，其形状像满月。佛性的含义，就是廓然虚空光明的。”

话刚说完，月轮之相就消失了，尊者又坐在原来的座位上说偈道：“身体呈现圆月之相，是用来表示诸佛之体。说法而又没有它的外形，是用来辨明法并不是声和色。”那些众人听完偈语之后，顿时领悟了无生的道理，都愿意出家，以求得解脱。祖师便为他们剃发，命各位高僧为他们授具足戒。

4　东土祖师

初祖菩提达磨大师

原典

祖念东震旦[①]国，佛记[②]后五百岁，般若智灯[③]，运光于彼，遂嘱弟子不若蜜多罗住天竺传法，而躬至震旦。乃辞祖塔，别学侣[④]，且谓王曰："勤修白业[⑤]，吾去一九即回。"祖泛重溟，凡三周寒暑，达于南海，实梁普通七年庚子岁[⑥]九月二十一日也。广州刺史萧昂具礼迎供，表闻武帝。帝遣使赍诏迎请。以十月一日至金陵。

帝问曰："朕即位以来，造寺写经度僧，不可胜纪，有何功德？"祖曰："并无功德。"帝曰："何以无功德？"祖曰："此但人天[⑦]小果，有漏之因[⑧]，如影随形，虽有非实。”帝曰：“如何是真功德？”祖曰：“净智妙圆[⑨]，体自空寂。如是功德，不以世求。”帝又问：“如何是圣谛第一义[⑩]？”祖曰：“廓然无圣。”帝曰：“对朕者谁？”祖曰：“不识。”帝不悟。

注释

① **震旦：** 古印度语的音译，即中国。

② **佛记：** 佛的悬记，也叫佛的记别。预言将要发生的事叫悬记；佛就弟子身上，分别未来之果报，叫作记别。

③ **灯：** 灯能指明破暗，佛家常用以比喻佛法。

④ **学侣：** 同学。

⑤ **白业：** 与“黑业”相对。也是善业，由于善为清白之法，又感清白无垢之果，所以叫作白业。

⑥ **普通七年庚子岁：** 公元五二六年。

⑦ **人天：** 佛教认为有情众生皆处于生死轮回之中，人与天是众生轮回的两个去处。

⑧ **有漏之因：** 招三界因果报应的业因。

⑨ **净智妙圆：** 净智相是由真如内薰之力与法外薰之力而如实修行之结果。这种相圆满方便、纯净圆常。

⑩ **圣谛第一义：** 圣者所见之真实不虚之理，即佛教真理。

译文

祖师思念东方的中国，佛预记后五百年，般若智慧之灯，将运转照耀到那里，于是嘱弟子不若蜜多罗住在天竺传法，而自己要亲自前去中国。便告别祖塔，辞别那些共同学道的同学，并且对国王说："要勤修善业，我去九年就回来。"祖师远渡重洋，用了整整三年的时间，到达了南海，具体时间是梁普通七年庚子岁（公元五二六年）九月二十一日。广州刺史萧昂以隆厚备全之礼迎接供奉，上表告知武帝。武帝派遣使者带着诏书前去迎请。在十月一日到达金陵。

武帝问道："朕自从即位以来，建造寺院，抄写佛经，度人为僧，难以记数，有什么功德吗？"祖师说："并没有什么功德。"武帝问："为什么没有功德？"祖师说："这只是生死轮回里的人天福德，仍是由三界因果报应的业因造成，如同虚影跟随形体一样，虽有好的因缘动机却没有得到永恒真实的解脱。"武帝问："什么是真正的功德呢？"祖师说："清净的智慧之相妙圆完满，自身自然空寂。像这样的功德，不是按世俗一般方法所能求得的。"武帝又问："什么是佛圣的第一要义呢？"祖师说："空空寂寂，并没有佛圣。"武帝问："对面和我说话的是谁？"祖师说："不认识。"武帝还是没有领悟。

原典

祖知机不契，是月十九日潜回江北，十一月二十三日届洛阳，寓止嵩山少林寺[①]。面壁而坐，终日默然，人莫之测，谓之壁观婆罗门[②]。

有僧神光，久居伊洛[③]，博览群籍，善谈玄理[④]，每叹曰："孔老之教，礼术风规；《庄》《易》之书，未尽妙理。近闻达磨大士住止少林，至人不遥，当造玄境。"遂诣祖参承。祖常端坐面壁，莫闻诲励。光自惟曰：昔人求道，敲骨取髓，刺血济饥，布发掩泥，投崖饲虎。古尚若此，我又何人？值大雪，光夜侍立，迟明积雪过膝，立愈恭。

祖顾而悯之，问曰："汝久立雪中，当求何事？"光悲泪曰："惟愿和尚慈悲，开甘露门[⑤]，广度群品。"祖曰："诸佛无上妙道，旷劫[⑥]精勤，难行能行，非忍而忍。岂以小德小智轻心慢心，欲冀真乘[⑦]？徒劳勤苦。"光闻祖诲励，潜取利刀，自断左臂，置于祖前。

祖知是法器[⑧]，乃曰："诸佛最初求道，为法忘形。汝今断臂吾前，求亦可在。"祖遂因与易名，曰"慧可"，乃曰："诸佛法印[⑨]，可得闻乎？"祖曰："诸佛法印，匪从人得。"可曰："我心未宁，乞师与安。"祖曰："将心来！与汝安。"可良久曰："觅心了不可得。"祖曰："我与汝安心竟。"

注释

① **少林寺：** 在今河南洛阳市东南约六十公里登封县城西北少室山密林中，故名。建于北魏孝文帝太和十年（公元四九五年）。

② **婆罗门：** 梵文 Brāhmaṇa 的音译，意译清净。印度的第一种姓。汉语中用以指净行高贵、舍弃恶法之人，博学多闻者。

③ **伊洛：** 伊水和洛水，在今河南一带。

④ **玄理：** 深奥、神妙的道理。魏晋以来，人们崇尚玄学，爱谈玄理。

⑤ **甘露门：** 到甘露涅槃的门户途径，即如来之教法。

⑥ **旷劫：** 极言过去时间之长久。

⑦ **乘：** 梵文 Yāna 的意译。意为运载、运度，谓能乘载众生到达解脱的彼岸；实指佛教所说的修行方法、途径或教说。

⑧ **法器：** 具有传承佛法才器的人。《释氏要览》卷下认为要具备以下三德才能称上法器：一、禀性柔和，不偏不党；二、经常追求高妙的道理，求法无厌；三、天性聪慧，对于善恶之言能正确判别其得失差别。

⑨ **法印：** 梵文 Dharma-mudrā 的意译。法指佛法；印是印记、标帜。意谓证明真正佛法的标准。

译文

祖师知道武帝不契禅机，便在当月十九日悄悄来到江北，十一月二十三日到达洛阳，寓居嵩山少林寺。他面壁而坐，整天默不作声，人们感到高深莫测，把他叫作壁观婆罗门。

有个和尚名叫神光，长期居住在伊洛之间，博览群书，善于谈论玄言妙理，每每感叹道："孔子老子之教，讲的只是礼数智谋风化规范，《庄子》《周易》之类的书籍，也没有能穷尽妙理。最近听说达磨大士住在少林寺，至圣之人并不遥远，他一定达到了玄妙的境界。"于是来到祖师这里参问承教。祖师常常端坐面壁，没有听到什么教诲激励。神光心里想：过去人求道，敲断骨头取出骨髓，刺破身血以救济饥饿，铺上自己的头发以掩盖泥土，投下悬崖去喂老虎。古人都能这样，我又算什么呢？正赶上下大雪，神光深夜站在雪中侍候，到天亮积雪已经过膝，而他站在那里更加恭敬。

祖师回头看见很怜悯他，问道："你这么长时间站在雪里，要求什么事情？"神光悲伤流泪道："我只希望和尚发发慈悲，开甘露法门，普遍救度一切众生。"祖师说："佛的那些至高无上的玄妙之道，经历了极久远的时间勤修苦炼而成，具备一般人难以实行而能够实行的意志，一般人难以容忍而能够容忍的心。岂能靠小功德、小智慧，轻易之心、散慢之心，就想得到真正的教法？这只是白白地辛劳勤苦。”神光听了祖师的教诲激励，悄悄取出锋利的刀，自己砍断左臂，放在祖师的面前。

祖师知道他是个具有传承佛法才器的人，就说道：“诸佛最初探求佛法，为求法而忘记自身形体。你现在能断臂在我的面前，求法的诚心可算足够了。”祖师于是给他改名叫“慧可”。慧可于是问：“那些佛法的真正标准，我能否听听吗？”祖师说：“诸佛法的法印，并不是从人的讲说能够得到。”慧可说：“我的心还不宁静，请大师给我安心。”祖师说：“把心拿来！我给你安定。”过了好长时间，慧可说：“找我的心怎么也找不到。”祖师说：“我已经给你安心完毕。”

原典

越九年，欲返天竺，命门人曰：“时将至矣，汝等盍言所得乎？”

有道副[①]对曰：“如我所见，不执文字，不离文字，而为道用。”祖曰：“汝得吾皮。”尼总持[②]曰：“我今所解，如庆喜[③]见阿閦佛[④]国，一见更不再见。”祖曰：

“汝得吾肉。”道育[5]曰：“四大[6]本空，五阴[7]非有，而我见处，无一法可得。”祖曰：“汝得吾骨。”最后慧可礼拜，依位而立。祖曰：“汝得吾髓。”乃顾慧可而告之曰：“昔如来以正法眼，付迦叶大士，展转嘱累，而至于我。我今付汝，汝当护持。并授汝袈裟，以为法信。各有所表，宜可知矣。”可曰：“请师指陈。”

祖曰：“内传法印，以契证心，外付袈裟，以定宗旨。后代浇薄，疑虑竞生，云吾西天之人，言汝此方之子，凭何得法？以何证之？汝今受此衣法，却后难生，但出此衣，并吾法偈，用以表明，其化无碍。至吾灭后二百年，衣止不传，法周沙界[8]。明道者多，行道者少。说理者多，通理者少。潜符密证，千万有余。汝当阐扬，勿轻未悟。一念回机，便同本得。听吾偈曰：吾本来兹土，传法救迷情。一花开五叶[9]，结果自然成。”

祖又曰：“吾有《楞伽经》[10]四卷，亦用付汝。即是如来心地[11]要门，令诸众生开示悟入[12]。”

注释

① **道副：**公元四五六年至五二四年，南齐僧人，山西太原人，俗姓王。性好定静，遇达磨出家。齐建武间南游，止于钟山定林下寺。后往蜀，遂使蜀地禅法大

行。晚年返金陵住开善寺。

② **尼总持：**梁武帝之女，名明练，出家后号总持，生卒年、事迹不详。

③ **庆喜：**音译阿难、阿难陀。为佛陀十大弟子之一。

④ **阿閦佛：**梵文Akṣobhya的音译“阿閦婆”之略。意译不动、无嗔恚。佛名。据支谶译《阿閦佛国经》，他住东方妙喜世界，如有人勤修六度，死后可以转生此地。

⑤ **道育：**生平事迹不详。

⑥ **四大：**梵文Catvrimahā-bhūtāni的意译。亦称四界。指地、水、火、风四种构成色法（相当于物质现象）的基本元素。

⑦ **五阴：**亦称五蕴、五众。梵文Pañca-skandha的意译。是对一切有为法的概括，狭义为现实人的代称，广义指物质世界和精神世界的总和，是佛教全部教义分析研究的基本对象。

⑧ **法周沙界：**佛教常以恒河沙数比喻极多的数字。沙界，即所谓恒河沙数三千大千世界。法之所在，叫法界。法无边无尽，法界亦如沙界无边无尽。因此法周沙界，谓佛法无所不在。

⑨ **一花开五叶：**此语历来有多种解释，一般认为“一花”指达磨所传禅法，“五叶”指沩仰、临济、曹

洞、云门、法眼五大宗派。

⑩**《楞伽经》**：梵文为Laṅkāvatārasūtra。全称《楞伽阿跋多罗宝经》。意谓佛入楞伽山所说的宝经。宣说世界万有由心所造，认识的对象不在外界而在于内心。

⑪ **心地**：心为万法之本，能生一切诸法，所以叫心地。

⑫ **悟入**：悟实相之理，入于实相之理，即体悟到佛法。

译文

过了九年，大师想返回天竺，就命令弟子们道："时候快要到了，你们为什么不谈谈自己的心得体会呢？"

其中有个叫道副的回答说："在我看来，不拘泥于文字，不离开文字，以此为道的体现作用。"祖师说："你只得到了我的皮。"比丘尼总持回答说："我现在所理解的，就好像阿难见到了阿閦佛国，一旦见到就再也不见。"祖师说："你只得到了我的肉。"道育说："地、水、火、风四大本来空虚无有，所谓五阴的人也并非实际存在，而我的看法，没有一法可以得到。"祖师说："你只得到我的骨。"最后慧可上前礼拜，又回到原位站立。祖师说："你已经得到了我的真髓。"于是看着慧可告诉他说："当年如来把正法眼藏传授给迦叶大士，辗转嘱咐传授，而到我这里。我现在传授给你，你要加以保持。并授予你袈裟作为正法的信物。各有各的表示，你应该知道了。"慧可说："请大师指示说明。"

祖师说："内传法印，用来契证开悟得法之心，在外传授袈裟，用来确定本宗的宗旨。后代人心浇薄，疑虑竞相产生，说我是西天的人，传授给你此方的弟子，凭什么得到法？用什么来证明？你现在得到了法衣，以后大难出现，只要出示这件法衣和我的法偈，以此来表明，教化就会没有障碍了。到了我灭度后二百年，衣留住不再传授，佛法遍布各地方。明白大道的人多，实行大道的人少。空谈道理的人多，真正领会道理的人少。暗中衡量秘密印证，大有人在。你要加以阐述发扬，不要轻视没有醒悟的人。只要他一念之间转机开悟，就像原来得到的一样。听我的偈言：我原来来到这个国土，为的就是传授佛法以救众生的痴迷之情，一朵花开出五片花瓣，结出果实自然而成。"

祖师又说道："我有《楞伽经》四卷，也传授给你。这是如来有关心地的重要法门，要让众生开卷诵读以悟入佛法。"

五祖弘忍大满禅师

原典

五祖弘忍大师者，蕲州[①]黄梅[②]人也。先为破头山中栽松道者，后遇信大师[③]，得法嗣，化于破头山。

注释

① **蕲州：**今湖北蕲春县。

② **黄梅：**今湖北黄梅县。

③ **信大师：**四祖道信。

译文

五祖弘忍大师，蕲州黄梅人。原先是破头山中的栽松道人，后来遇到了四祖道信大师，成为继承者，行化在破头山。

原典

咸亨[①]中，有居士[②]姓卢，名惠能，自新州[③]来参谒。祖问曰："汝自何来？"卢曰："岭南[④]。"祖曰："欲须何事？"卢曰："唯求作佛。"祖曰："岭南人无佛性，若为得佛？”卢曰：“人即有南北，佛性岂然？”祖令随众作务。卢曰：“弟子自心常生智慧，不离自性[5]，即是福田[6]。未审和尚教作何务？”祖曰：“这獦獠[7]根性[8]太利。着槽厂[9]去！”

卢礼足而退，便入碓坊[10]，服劳于杵臼，昼夜不息。经八月，祖知付授时至，告众曰：“正法难解，不可徒记吾言，持为己任。汝等各自随意述一偈，若语意冥符，则衣法皆付。”

时会下[11]七百余僧，上座[12]神秀者，学通内外，众所宗仰[13]，咸推称曰：“若非尊秀，畴敢当之？”神秀窃聆众誉，不复思维，乃于廊壁书一偈曰：

身是菩提树[14]，心如明镜台。
时时勤拂拭，莫使惹尘埃。

祖因经行，忽见此偈，知是神秀所述，乃赞叹曰：“后代依此修行，亦得胜果。”其壁本欲令处士[15]卢珍绘《楞伽》变相[16]，及见题偈在壁，遂止不画，各令念诵。

卢在碓坊，忽聆诵偈，乃问同学：“是何章句？”同学曰：“汝不知和尚求法嗣，令各述心偈？此则秀上座所述，和尚深加叹赏，必将付法传衣也。”卢曰：“其偈云何？”同学为诵。卢良久曰：“美则美矣，了[17]则未了。”同学诃曰：“庸流[18]何知？勿发狂言！”卢曰：“子不信耶？愿以一偈和之。”同学不答，相视而笑。卢至夜，密告一童子，引至廊下，卢自秉烛，请别驾[19]张日用于秀偈之侧，写一偈曰：

菩提本无树，明镜亦非台。
本来无一物，何处惹尘埃？

祖后见此偈曰：“此是谁作？亦未见性。”众闻祖语，遂不之顾。逮夜，祖潜诣碓坊问曰：“米白也未？”卢曰：“白也，未有筛。”祖以杖三击其碓。卢即以三鼓入室。祖告曰：“诸佛出世，为一大事，故随机大小而引导之，遂有十地[20]、三乘[21]、顿渐[22]等旨，以为教门[23]。然以无上微妙秘密，圆明真实[24]正法眼藏付于上首[25]大迦叶尊者，展转传授二十八世。至达磨届于此土，得可大师承袭以至于今，以法宝及所传袈裟用付于汝。善自保护，无令断绝！听吾偈曰：有情来下种，因地果还生。无情既无种，无性亦无生。”

卢跪受讫，问：“法则既受，衣付何人？”祖曰：“昔达磨初至，人未之信，故传衣以明得法。今信心已熟，衣乃争端，止于汝身，不复传也。且当远隐，俟时行化，所谓受衣之人，命如悬丝也。”卢曰：“当隐何所？”祖曰：“逢怀[26]即止，遇会[27]且藏。”

卢礼足已，捧衣而出。是夜南迈，大众莫知。五祖自后不复上堂，大众疑怪致问。祖曰：“吾道行矣，何更询之？”复问：“衣法谁得耶？”祖曰：“能者得。”于是众议卢行者名“能”，即共奔逐。

祖既付衣法，复经四载，至上元二年[28]，忽告众曰：“吾今事毕，时可行矣。”即入室安坐而逝。寿七十有四。塔于黄梅东山。

注释

① **咸亨：**唐高宗李治年号，公元六七〇—六七四年。

② **居士：**指在家奉佛的人。

③ **新州：**今广东新兴县。

④ **岭南：**五岭以南，今广东、广西一带。

⑤ **自性：**指自体之本性。法相家多称为自相。即诸法各自具有真实不变、清纯无杂之个性，称为自性。

⑥ **福田：**指在佛、法、僧三宝前所做的各种功德。

⑦ **獦獠：**对南方少数民族的称呼，指未开化或没有知识的人。

⑧ **根性：**气力之本叫作“根”，善恶之习惯叫作“性”。

⑨ **槽厂：**马房，也指僧人住的房子。

⑩ **碓坊：** 舂米的地方。碓，舂米谷的设备。

⑪ **会下：** 犹言门下，法会之下所列弟子辈的意思。

⑫ **上座：** 梵文 Sthavira 的意译。对有德行僧人的尊称。

⑬ **宗仰：** 信奉崇仰。

⑭ **菩提树：** 梵文为 Bodhi-druma 或 Bodhi-vṛkṣa。亦译作觉树、道树。相传释迦牟尼在毕钵罗树下证得菩提（觉悟），故称毕钵罗树为菩提树。

⑮ **处士：** 未仕或不仕的士人。

⑯ **楞伽变相：**《楞伽经》的变相。变相，本是唐代流行的绘画形式之一，佛教常用来描绘佛经故事，宣传教义。

⑰ **了：** 了悟，认识到自己内心的佛性。

⑱ **庸流：** 平庸之辈。

⑲ **别驾：** 官名，唐时曾一度称长史。唐中期与长史并设，为地方行政长官的属僚。

⑳ **十地：** 梵文 Daśa-bhūmi 的意译。亦译十住。指佛教修行的十个阶位。

㉑ **三乘：** 比喻运载众生渡越生死到涅槃彼岸之三种法门。就众生根机之钝、中、利，佛应之而说声闻乘、缘觉乘、菩萨乘等三种教法。另外，就菩萨随时修集之，分天乘、梵乘、圣乘等三乘。

㉒ **顿渐：**顿悟和渐修。

㉓ **教门：**教法是入道的门户，所以称为教门。又教法门户各异，各教法也称教门。

㉔ **真实：**佛法脱离迷情，断绝虚妄，称为真实。

㉕ **上首：**大众之中位居最上者。后于禅林里，间以“首座”代称上首，而其推重之意不变。

㉖ **怀：**怀集县，今广东怀集。

㉗ **会：**四会县，今广东四会。

㉘ **上元二年：**唐高宗年号，公元六七五年。

译文

唐高宗咸亨年间，有个居士姓卢，名叫惠能，自新州前来参见。五祖问道：“你从哪儿来？”卢行者回答：“岭南。”五祖说：“你想求什么事？”卢行者说：“只求做佛。”五祖说：“岭南人没有佛性，你怎么能成佛呢？”卢行者说：“人是有南北之分，佛性难道也是这样？”五祖让他随着大众作务。卢行者说：“弟子自己心中经常生出智慧，不离开自性，就是福田。不知和尚让我做什么？”五祖说：“这个獦獠的根性不错，太聪明了，到槽厂去吧！”

卢行者接足作礼退出后，就走进了碓坊，劳动在舂米的杵臼之间，昼夜不停。过了八个月，五祖知道传授正法的时候到了，就向众人宣布道："真正的佛法难以理解，不要光记住我的话，就算作自己的。你们各自随意说一则偈语，如果偈语能和密意契合，衣和法都将传授给他。"

当时五祖门下七百多位僧人当中，上座神秀所学贯通教内教外，为众人所信奉崇仰，都推让说："如果不是推尊神秀，谁敢担当？"神秀背地听到众人的称誉，也不再思维，就在走廊的墙上写了一个偈道：

此身是菩提之树，此心如明镜之台。
时时刻刻勤加拂拭，不要使身心沾上尘埃。

五祖因从这里经过，忽然看到这则偈语，知道是神秀作的，就赞叹说："后代若能按照这样修行，也能取得好的功果。"那个墙壁本来是叫处士卢珍画《楞伽经》变相的，等见到这个偈写在上面，便命令不用画了，叫人人念诵。

卢行者在碓坊，忽然听到有人在诵偈，就问同学："是什么章句？"同学告诉他："你不知道和尚正选传法继承人，让大家各自作表达心意的偈语吗？这是神秀上座所作的，和尚看后深表赞叹，肯定是授法传衣给他了。"卢行者说："那则偈语说了些什么？"同学给他背了一遍。卢行者过了好一会儿说："好是很好，要说了悟则没有了悟。"同学呵斥道："你这个平庸之辈知道什么？不要口出狂言！"卢行者说："你不相信吗？我愿意作一偈来奉和。"同学都不理他的话，互相看着冷笑。卢行者到了夜里，悄悄地叫了一个童子，带他到廊下，卢行者自己举着烛火，请别驾张日用在神秀偈语旁边写了一偈说：

本来就没有菩提之树，也不存在什么明镜台。

佛性永远清洁干净，哪里有什么尘埃？

五祖过后看到这则偈语说："这是谁作的？也没有认识到佛性。"众人听五祖这样一说，就都没把它当回事。等到夜里，五祖偷偷来到碓坊问道："米白了没？"卢行者说："白了，但还没有筛。"五祖用手杖敲了那个石碓三下就走了。卢行者便在三更鼓响时，来到五祖的住室。五祖告诉他说："诸佛的出世，是一件大事，所以随着机缘的大小而加以引导，于是有了十地、三乘、顿渐等宗旨，作为不同的教法门径。而把至高无上的微妙秘密的旨意，达到圆满光明的真实境界的正法眼藏传授给首座大迦叶尊者，辗转传授二十八代。到达磨大师来到中土，得到慧可大师的继承因袭以至于现在，我把法宝和所传袈裟都交付给你。你要善加保护，不要使正法断绝！听我的偈语：有情前来播种，靠土地使果实产生。没有情也没有种，没有性也没有生。”

卢行者跪在地上接受完毕，问道：“法是接受了，那么袈裟传给谁呢？”五祖说：“过去达磨大师刚来的时候，人们还不相信，因此传袈裟以表明得到正法。如今人们相信的心理早已成熟，袈裟是引起争端的东西，传到你这里为止，不再往后传了。而且你应该到远处去隐居，等待时机再进行传化，这就是所谓接受衣钵的人，性命就像悬丝那样危险。”卢行者问：“应该隐居在什么地方？”五祖说：“到了怀集县就停下来，到了四会县就隐藏起来。”

卢行者接足作礼后，捧着袈裟就出去了，当夜奔向南面，大众根本没有察觉。五祖自那以后不再上堂讲法，大家感到奇怪，前来询问。五祖说：“我的道已经实行了，何必再问呢？”又问：“那么衣法到底谁得到呢？”五祖说：“有能力的人得到了它。”于是大众一起议论卢行者名字叫“惠能”，当即共同奔跑追赶。

五祖传完衣法以后，又过了四年，到了唐高宗上元二年（公元六七五年）忽然告诉众人说：“我现在事情都做完了，时候已到，可以走了。”便进入居室安详地坐着逝世了。享寿七十四岁。弟子们在黄梅东山为他建了塔。

六祖惠能大鉴禅师

原典

六祖惠能大师，姓卢氏，父行瑫。母李氏，感异梦，觉而异香满室，因有娠。六年乃生，毫光腾空。黎明有僧来语祖之父曰："此子可名惠能。"父曰："何谓也？"僧曰："惠者，以法惠济众生；能者，能作佛事。"语毕不知所之。祖不饮母乳，遇夜神人灌以甘露。三岁父丧，母嫠居，家贫甚。幼则樵采鬻薪以养母。

一日负薪过市中，闻客读《金刚经》，至"应无所住而生其心"，有所感悟，而问客曰："此何法也？"曰："此《金刚经》，黄梅东山五祖忍和尚，恒教人诵此经。"祖闻语，勃然思出家求法。乃乞于一客，为其母备岁储，遂辞母，直抵韶州①。

遇高行士刘志略，结为交友。尼无尽藏者，即志略之姑也。尝读《涅槃经》②，师暂听之，即为解说其义。尼遂执卷问字，祖曰："字即不识，义即请问。"尼曰："字尚不识，曷能会义？"祖曰："诸佛妙理，非关文字。"尼惊异之，告乡里耆艾③，请居宝林寺④。寺废已久，四众营缉，朝夕奔凑⑤，俄成宝坊。祖曰："我求大法，止此何为？"遂弃之，抵黄梅，参礼五祖。语在

《五祖章》。

当呈偈后，三鼓入五祖室。五祖复征其初悟“应无所住而生其心”语，祖言下大彻，遂启五祖曰：“一切万法，不离自性。何期自性本自清净，何期自性本不生灭，何期自性本自具足[6]，何期自性本无动摇，何期自性能生万法！”五祖知悟本性[7]，谓祖曰：“不识本心，学法无益，若识本心，见自本性，即名丈夫、天人师[8]、佛。”遂传衣法。

五祖送祖至九江驿边，令祖上船，祖随即把橹。五祖曰：“合是吾渡汝。”祖曰：“迷时师度[9]，悟时自度，度名虽一，用处不同。能蒙师传法，今已得悟，只合自性自度。”五祖云：“如是，如是。以后佛法，由汝大行。”

注释

① **韶州**：今广东韶关。

②**《涅槃经》**：《大般涅槃经》，四十卷。北凉昙无谶译。亦有多种译本。主要阐述“一切众生，悉有佛性”等大乘佛教思想。

③ **耆艾**：年长者。年六十曰耆，五十曰艾。

④ **宝林寺**：在广东韶州曲江县南六十里南华山。

亦即曹溪南华寺。

⑤ **奔凑：**聚集、趋附。

⑥ **具足：**完备。

⑦ **本性：**本来固有之性德。

⑧ **天人师：**佛的名号之一，意为天与人的导师。

⑨ **度：**使人离俗、出离生死之意。

译文

六祖惠能大师，姓卢，父亲名叫行瑫。母亲李氏，做了一个奇特的梦，醒后觉得有一股奇异的香味充满屋内，于是怀了孕。过了六年才降生，当时毫光腾空而上。天亮时有个和尚来到家里对六祖的父亲说："这个孩子可以取名叫惠能。"父亲问："这是什么意思呢？"和尚说："惠，是以佛法来惠济众生；能，能做成佛的种种事业。"话一说完就不见了。六祖不喝母亲的乳汁，到夜里有神人来灌甘美的露水给他喝。到三岁时父亲去世了，母亲寡居，家里贫困极了。幼小时就砍柴卖柴以奉养母亲。

有一天他背着柴在闹市中经过，听见有个客人读《金刚经》，到"应无所住而生其心"一句，有所感受醒悟，就问客人说："这是什么法？"客人告诉他："这是

《金刚经》，黄梅东山五祖弘忍和尚经常教导人们念诵这部经。”六祖听了这番话，忽然兴起想出家探求佛法的想法。于是乞求一位客人，替他母亲准备了生活所需，便辞别了母亲，直接到了韶州。

遇到了一位有高洁志行之士刘志略，结交为朋友。比丘尼无尽藏，就是刘志略的姑姑。她曾经读《涅槃经》，大师刚一听就能给她讲解其中的含义。无尽藏便拿着经卷问经文的文字怎么读。六祖说：“文字我不认识，经文的义理请你随便问吧。”无尽藏说：“文字都不认识，又怎能懂得经文的义理呢？”六祖说：“各种佛法高深玄妙的道理，与文字没有什么关系。”无尽藏对此感到非常惊讶，就把事情告诉了村里德高望重的长辈们，请他居住在宝林寺。这座寺庙荒废好长时间了，四方百姓建筑修缮，不分早晚前来帮忙出力，不久便建成了一座宝寺。六祖说：“我寻求的是大彻大悟的佛法，待在这里做什么呢？”于是放弃了寺庙，到黄梅县参见拜礼五祖。具体情况在《五祖》那一章里。

当他呈上自己的偈语之后，敲三更鼓时，来到五祖的住室。五祖又重新印证使他最初开悟的“应无所住而生其心”一句话，六祖听后当即大彻大悟，于是对五祖说：“任何佛法，都离不开人的本性。没有想到自己的本性本来是清净的，没有想到自己的本性原来是没有生也没有灭的，没有想到自己的本性原来就是具足圆满的，没有想到自己的本性原来就是不动不摇的，没有想到自己的本性能产生种种佛法！”五祖知道他已认识到了佛法的本性，就对他说道：“不认识到自己的本来之心，学习佛法并没有什么好处。如果认识了自己的本心，见到了自己的本性，就叫作大丈夫、天和人的导师、佛。”于是传授衣法给他。

五祖送六祖直到九江驿旁，叫六祖上了船，六祖随即去把船橹。五祖说：“应该是我度你。”六祖说：“在自性迷惑时是师父指示开悟度我的，开悟以后就应当自己去度自己。虽然同样称为度，可用处各有不同。承蒙师父传我心印妙法，现在已经开悟，正应该以自性来度自己。”五祖说：“很对，很对。以后佛法将由你发扬光大广泛流行。”

原典

祖礼辞南行者两月，至大庾岭。僧惠明[①]，本将军，同数百人来，欲夺衣钵。明先趁及。祖掷衣钵于石曰：“此衣表信，可力争耶？”明举衣钵不能动，乃曰：“我为法来，不为衣来。”祖曰：“汝既为法来，可屏息诸缘[②]，勿生一念，吾为汝说明。”良久，祖曰：

“不思善，不思恶，正与么时，那个是明上座本来面目？”惠明言下大悟。

复问曰：“上来密语[③]密意[④]外，还更有密意旨否？”祖曰：“与汝说者，即非密也。汝若返照[⑤]，密在汝边。”明曰：“惠明虽在黄梅，实未省自己面目。今蒙指示，如人饮水，冷暖自知，今行者即惠明师也！”祖曰：“汝若如是，吾与汝同师黄梅，善自护持。”

明又问：“惠明今向甚处去？”祖曰：“逢袁[⑥]则止，遇蒙[⑦]则居。”明礼辞还至岭下，谓众曰：“向涉崔嵬，杳无踪迹，当别道寻之。”趁众遂散。

注释

① **惠明：** 生卒年不详。鄱阳（江西）人，俗姓陈，为陈宣帝之孙。曾受四品将军之爵，隶署诸卫，故有将军之号。幼年出家，于高宗之世投五祖。后遇六祖开示，至袁州蒙山宣六祖之旨。

② **诸缘：** 色香等百般世相都是自我心识所攀缘牵扯的，都是心识所产生的。

③ **密语：** 传达密意所说的言语，例如如来说涅槃就隐藏着如来常住之意。

④ **密意：** 对佛意有所隐藏，不明确地讲出来。又

佛意深密，不能随意为人所测知。

⑤ **返照：**日悬西山，返照东方，叫作返照。比喻穷明自心之本源。

⑥ **袁：**袁州，今江西宜春县。

⑦ **蒙：**蒙山，在袁州。

译文

六祖行礼辞别五祖向南走了两个月，来到大庾岭。有个和尚叫惠明，原来是将军，同数百人追来，想要抢夺衣钵。惠明最先追上。六祖把衣钵扔到一块石头上说："这袈裟是表明得法的信物，怎么能以武力来争夺呢？"惠明去拿衣钵，可怎么也拿不动，就说道："我是为佛法而来，并不是为了衣钵而来。"六祖说："你既然是为佛法而来，就要停止心中的一切欲望牵挂，一念也不要生，我给你说明。"过了好长时间，六祖说："不思想善，不思想恶，正在这个时候，哪个是你惠明上座自己的本来面目？"惠明听了这番话大为醒悟。

又问道："从祖上传下来的密语密意之外，还有什么秘密的旨意吗？"六祖说："给你说出来的这些，就不是秘密。你如果能返身观照，则秘密都在你那里。"惠明说："我惠明虽在黄梅这么多年，实实在在还没有省悟自己的真面目。如今承蒙您的指示，就好像人喝水一样，是冷是热唯有自己知道。现在行者您就是惠明的师父啊！”六祖说：“你要是这样想的话，我和你共同拜五祖黄梅大师，你要好好保持。”

惠明又问：“我惠明现在到哪里去呢？”六祖说：“到了袁州就止步，到了蒙山就居留。”惠明施礼告辞回到岭下，对众人说：“我曾到山顶上看过了，找不到任何踪迹，应该从其他道路去追。”追赶的人于是都散了。

原典

仪凤元年[①]正月八日，忽念说法时至，遂出至广州法性寺。值印宗法师讲《涅槃经》，寓止廊庑间。暮夜风飏刹幡[②]，闻二僧对论，一曰：“幡动。”一曰：“风动。”往复不已。祖曰：“不是风动，不是幡动，仁者心动。”一众竦然。

注释

① **仪凤元年：**仪凤，唐高宗李治年号。元年，公元六七六年。

② **刹幡：**寺院前的旗幡。

译文

唐高宗仪凤元年（公元六七六年）正月八日，六祖忽然心想说法的时候到了，于是来到广州法性寺。正赶上印宗法师讲《涅槃经》，便住在堂前的廊屋里。到了晚上，风吹着寺院前的旗幡，听见有两个和尚在那里争论，一个说："这是旗幡在动。"一个说："这是风在动。"往来争论不休。六祖说："这不是风动，也不是旗幡动，而是仁者你们的心在动。"众人一听都非常震惊。

原典

正月十五日，印宗会诸名德[①]，为祖剃发。二月八日，就法性寺智光律师，授满分戒[②]。

注释

① **名德：**对有名望德行的僧人的尊称。

② **满分戒：**"具足戒"的异名。具足戒，梵文Upasaṃpanna的意译。指比丘和比丘尼戒律。因与沙弥、沙弥尼所受十戒相比，戒品具足，故称。中国僧尼隋唐以后都依《四分律》受戒，比丘戒二百五十条，比丘尼戒三百四十八条。出家人依戒法规定受持此戒，即取得正式僧尼资格。

译文

正月十五日那天，印宗法师会同那些有声望德行的僧人，为六祖剃发。二月八日，到法性寺智光律师那里，被授予满分戒。

原典

次日，韦使君[①]请益，师升座，告大众曰："善知识[②]，不悟，即佛是众生；一念悟时，众生是佛。故知万法尽在自心。何不从自心中，顿见真如[③]本性？《菩萨戒经》[④]云：'我本元自性清净。若识自心见性，皆成佛道。'《净名经》[⑤]云：'即时豁然，还得本心。'

"善知识，我于忍和尚处，一闻言下便悟，顿见真如本性。是以将此教法流行，令学道者顿悟菩提，各自观心，自见本性。"

注释

① **韦使君：**当时韶州地方行政长官韦璩。

② **善知识：**对听佛法的人的一种称呼。

③ **真如：**梵文 Tathatā 或 Bhūta-tathatā 的意译。意为事物的真实状况、真实性质，绝对不变的永恒真理或

本体。

④**《菩萨戒经》**：后秦鸠摩罗什最后译出的《梵网经》中之《菩萨心地戒品第十》。佛教戒律书，二卷。

⑤**《净名经》**：《维摩诘经》之异名。

译文

第二天，韦使君请六祖讲佛法，大师坐到讲座上，告诉大家说："善知识，如果不明白不开悟，佛也就是众生；如果在一念之中能明白开悟，众生也就是佛。所以应该知道万种佛法都是在自己心中。为什么不从自己的心中，立刻明白认识到佛的真正本性呢？《菩萨戒经》上说：'我本来自性就是清净的。如果从自己的本心出发来认识佛的本性，就都可以成就佛道了。'《净名经》上说：'忽然领悟明白，还是来自于本心。'

"善知识，我在弘忍和尚那里，一听到他讲的佛法，当下就明白了，顿时看到了佛的真实本性。因此将这种方法广为传播，使学道的人能够顿时觉悟佛法，自己审视自己的心，自己认识自己本来的佛性。"

原典

示众云：“善知识，我此法门，以定[①]慧[②]为本。大众勿迷，言定慧别。定慧一体，不是二。定是慧体，慧是定用。即慧之时定在慧，即定之时慧在定。若识此义，即是定慧等[③]学。

“善知识，定慧犹如何等？犹如灯光。有灯即光，无灯即暗。灯是光之体，光是灯之用。名虽有二，体本同一。此定慧法亦复如是。”

注释

① **定**：梵文 Samādhi 的意译，亦译为等持。谓心专注一境而不散乱的精神状态，佛教以此作为取得确定之认识，做出确定之判断的心理条件。

② **慧**：梵文 Mati 的意译。指通达事理、决断疑念，取得决断性认识的那种精神作用。

③ **等**：平等之意。

译文

六祖指示大家说：“善知识，我的这个顿教法门，是以定慧作为根本的。大家不要糊涂，说定慧是有区别的。定慧本来是一体，不是两种。定是慧的本体，慧是定的运用。接近慧的时候，定在慧的里边；接近定的时候，慧在定的里面。如果明白了这个道理，这就是定慧平等同体的学问。

“善知识，定慧像什么一样呢？就像灯光。有灯就有光，没有灯就黑暗了。灯是光的本体，光是灯的运用。名称虽然有两个，本体却是同一个。这种定慧之法也像这样。”

原典

南岳怀让禅师礼祖，祖曰：“何处来？”曰：“嵩山。”祖曰：“什么物恁么来？”曰：“说似一物即不中。”祖曰：“还可以修证[①]否？”曰：“修证即不无，污染[②]即不得。”祖曰：“只此不污染，诸佛之所护念[③]。汝既如是，吾亦如是。西天般若多罗[④]，谶汝足下出一马驹，踏杀天下人。应在汝心，不须速说。”

注释

① **修证：** 修行证理。

② **污染：** 被世间之五尘所污染。

③ **护念：** 保护忆念。

④ **般若多罗：** 西天祖师第二十七祖。

译文

南岳怀让禅师来礼拜六祖，六祖问道："从哪里来？"回答说："从嵩山来。"六祖说："什么东西那么来？"怀让说："如果说像一个东西就不对了。"六祖说："还可以修证吗？"怀让禅师说："修行证悟未尝不可，污染就不行。"六祖说："正是这个不污染，就是诸佛所以保护忆念的。你既然如此，那么我也是这样。西天般若多罗祖师，预言在你门下出现一只马驹，踏杀天下的人。应在你的心中，不必急着说出来。"

原典

青原行思[①]禅师参祖，问曰："当何所务，即不落阶级[②]？"祖曰："汝曾作什么来？"曰："圣谛亦不为。"祖曰："落何阶级？"曰："圣谛尚不为，何阶级之有？"祖深器之，令首众。

注释

① **青原行思：**青原，山名，在今江西省内。行思禅师得法后住青原山，法席隆盛，故名青原行思。

② **阶级：**对事物进行分析划分出层次等级。这是禅宗反对的。

译文

青原行思禅师来参见六祖，问道："应当怎样修行，才不致落入渐修法门？"六祖说："你都曾经做过一些什么？"行思禅师说："四圣谛都不做了。"六祖说："落什么渐修法门？"行思禅师说："我连四圣谛都不管了，哪有什么渐修啊？"六祖十分器重他，让他做了众僧的首座。

原典

永嘉玄觉禅师[1]，少习经论[2]，精天台止观法门[3]。阅《维摩经》[4]，发明心地。后遇左溪朗禅师[5]激励，与东阳策禅师[6]同诣曹溪。初到，振锡[7]绕祖三匝，卓然而立。祖曰："夫沙门[8]者，具三千威仪，八万细行[9]，大德[10]自何方来，生大我慢？"曰："生死事大，无常迅速。"祖曰："何不体取无生，了无速乎？"曰："体即无生，了本无速。"祖曰："如是，如是。"

于时大众，无不愕然。觉方具威仪参礼。须臾告辞。祖曰："返太速乎？"曰："本自非动，岂有速耶？"祖曰："谁知非动？"曰："仁者自生分别。"祖曰："汝甚得无生之意。"曰："无生岂有意耶？"祖曰："无意谁当分别？"曰："分别亦非意。"祖叹曰："善哉，少留一宿。"时谓"一宿觉"。

注释

① **永嘉玄觉禅师：** 公元六六五—七一三年，字道明，俗姓戴，永嘉（今浙江温州、永嘉、乐清等地）人。著作撰为《永嘉集》。

② **经论：** 三藏中之经藏、论藏。

③ **止观法门：**“止”，梵文 Śamatha，亦译为止寂或禅定等，使所观察对象“住心于内”，不分散注意力。“观”，梵文为 Vipaśyanā，意为智慧，是在“止”的基础上集中观察和思维预定的对象，得出佛教的观点、智慧或功德。天台宗提倡“止观双修”作为一切修习方法的概括。又有《大乘止观法门》一书，四卷。

④ **《维摩经》：**《维摩诘所说经》的简称。后秦鸠摩罗什等译，三卷。叙述毗耶离城居士维摩诘与文殊师利等共论佛法，阐扬大乘般若性空的思想。

⑤ **左溪朗禅师：** 公元六七三—七五四年，天台宗第八祖。婺州乌伤县（今浙江义乌县）人。一作东阳（在今浙江省内）人。俗姓傅，傅大士六世孙，字慧明，号左溪。“自以止观为入道安心之要”。天台教法，由其转盛。

⑥ **东阳策禅师：** 东阳玄策禅师。金华人。参六祖得法，游行四方，宣扬祖道。

⑦ **振锡：** 僧人手持锡杖，行走时振动作声。

⑧ **沙门：**梵语，僧侣的称呼。

⑨ **三千威仪，八万细行：**威仪指动作行为应有威德仪则，细行指细小行为也应符合规范。三千指过去、现在、未来各一千，一千含行、住、坐、卧各二百五十条威仪，故合计一千。八万细行，指八万四千处细微的地方。

⑩ **大德：**梵文Bhadanta的意译。指有大德行者。用以对比丘中的长老或佛、菩萨的敬称。有时对高僧也泛用此称。

译文

永嘉玄觉禅师，少年时就学习佛经中的经和论，精通天台宗的止观法门。因为阅读《维摩经》而明白了心地法门。后来遇左溪朗禅师得到激励，与东阳玄策禅师共同来到曹溪。刚一到，振动锡杖，绕六祖法座走了三圈，昂然地站在那里。六祖说："作为僧人，应当具备三千威仪，八万细行，高僧您是从哪里来，表现出这么大的傲慢？"玄觉禅师说："生死事情重大，变化十分迅速。"六祖说："为什么不去领悟无生的道理，了悟没有迅速的变化呢？"玄觉禅师说："领会就是无生无灭，了悟本来无快无慢。"六祖说："是这样，是这样。"

当时大众没有一个不惊讶的。玄觉禅师这才按照礼仪参拜六祖。不一会儿又起身告辞。六祖说："回去得太快了吧？"玄觉禅师说："本来就没有动，哪里有快呢？"六祖说："谁知道没有动？"玄觉禅师说："是您自己硬分出的动和没动。"六祖说："你很懂得无生无灭的旨意。"玄觉禅师说："无生无灭难道还有什么旨意吗？"六祖说："没有旨意是谁在分别？"玄觉禅师说："分别也是没有旨意。"六祖赞叹道："善哉！小住一宿再走吧。"当时人称其为"一宿觉"。

原典

僧志彻，初名行昌，姓张，少任侠。自南北分化，二宗主虽忘彼我，而徒侣竞起爱憎。北宗既自立秀师为六祖，忌祖传衣，天下所闻。嘱行昌刺祖。祖心通[①]预知其事，置金十两于座间。

昌怀刃入室，祖舒颈就之。昌挥刃者三，都无所损。祖曰："正剑不邪，邪剑不正。只负汝金，不负汝命。"昌惊仆，久而方苏，求哀悔过，愿出家。祖以金授曰："汝且去，恐众或害汝。他日易形而来，吾当摄受。"昌禀旨宵遁，遂出家。

注释

① **心通：** 六通之中的“他心通”，谓能知六道众生心中所念之事。

译文

僧人志彻，原来叫行昌，姓张，少年时喜欢做行侠仗义之事。自从禅宗有了南宗和北宗分别之后，二宗的宗主虽然无分别他宗我宗，但徒弟们竞相兴起爱憎之心。北宗自己拥立神秀禅师作为六祖，忌惮六祖得到五祖大师传授衣钵的事，被天下人所传闻，于是派行昌来行刺六祖。六祖靠他能预知众生心中所念的神通，事先就知道了这件事，将十两黄金放在座位上。

行昌怀揣利刃进入六祖的卧室，六祖将脖颈伸给他。行昌挥刀连砍好几下，脖颈都毫无损伤。六祖说：“正直的剑不会偏邪，偏邪的剑不会正直。我只欠你黄金，并不欠你性命。”行昌大惊昏倒在地，过了好长时间方才苏醒过来，哀求六祖表示愿意悔过自新，志愿出家修行。六祖把金子给他说：“你暂且离开这里，我怕徒弟们或许会伤害你。改日化装回来，我再收你为徒。”行昌领受了六祖的旨意连夜逃走，以后便出了家。

原典

有一童子，名神会，年十三，自玉泉[①]来参礼。祖曰："知识远来艰辛，还将得本来否？若有本则合识主，试说看。"会曰："以无住为本，见即是主。"祖曰："这沙弥争合取次语[②]？"会曰："和尚坐禅，还见不见？"祖以拄杖打三下云："吾打汝痛不痛？"对曰："亦痛亦不痛。"祖曰："吾亦见亦不见。"

神会问："如何是亦见亦不见？"祖云："吾之所见，常见自家过愆[③]，不见他人是非好恶，是以亦见亦不见。汝言亦痛亦不痛如何？汝若不痛，同其木石；若痛，则同凡夫，即起恚恨[④]。汝向前见不见是二边，痛不痛是生灭。汝自性且不见，敢尔弄人！"神会礼拜悔谢。

一日，祖告众曰："我有一物，无头无尾，无名无字，无背无面，诸人还识否？"神会出曰："是诸佛之本源，神会之佛性。"祖曰："向汝道无名无字，汝便唤作本源佛性。汝向去有把茆盖头[⑤]，也只成个知解宗徒。"

注释

① **玉泉：** 玉泉寺。位于湖北当阳县玉泉山之东南

麓。东汉建安年间（公元一九六—二二〇年），普净禅师初结茅于此。隋文帝时智颢建寺。文帝先敕“一音寺”，后又改玉泉寺。

② **取次语：** 草率之语。

③“懲”，《六祖坛经》作“惩”字。

④ **恚恨：** 愤怒、怨恨。

⑤ **茆盖头：** 用茅草盖头，引申寺庙。如有把茅盖头，即有一座寺庙可居住，以避日晒雨淋。这里之“把茅盖头”，意为禅僧主持寺院。

译文

有一个童子，名叫神会，十三岁，从玉泉寺前来参拜。六祖说：“知识远道而来一定很辛苦，还带来了你的‘本’没有？如果有本就应该认识主——佛性，你试着说说看。”神会说：“我以无住为本，认识本性就是主。”六祖说：“这个小沙弥怎么乱说话？”神会说：“和尚您坐禅时，还见不见？”六祖用拄杖打了他三下说：“我打你疼还是不疼？”神会回答说：“也疼也不疼。”六祖说：“我也是也见也不见。”

神会问：“什么是也见也不见？”六祖说：“我所说的见，是经常看见自己身上的过失，不见别人的是非好坏，这就是也见也不见。你说也疼也不疼怎么样？你如果不疼，那么就像木头石块一样；如果疼，那么你是和凡夫俗子一样，就会产生怨恨。你以前说的见和不见是断见、常见二见；疼和不疼是没有超越生死的看法。你自己的本性尚且没有见到，居然敢来捉弄人！”神会礼拜表示悔过。

有一天，六祖告诉众人说：“我有一样东西，没有头也没有尾，没有名也没有字，没有背后也没有前面，你们这些人还认识吗？”神会站出来说：“这是诸佛的本源，也是神会的佛性。”六祖说：“跟你们说了没有名也没有字，你却叫作本源佛性。你日后如果主持一个寺院，也只能成为一个推重知识见解之辈。”

原典

八月三日，复示众曰：“吾灭度[①]后，莫作世情悲泣雨泪，受人吊问，身着孝服，非吾弟子，亦非正法。但识自本心，见自本性，无动无静，无生无灭，无去无来，无是无非，无住无往。恐汝等心迷，不会吾意，今再嘱汝，令汝见性。吾灭度后，依此修行，如吾在日。若违吾教，纵吾在世，亦无有益。”复说偈曰：

兀兀[②]不修善，腾腾不造恶。

寂寂断见闻，荡荡心无着。

说偈已，端坐至三更，谓门人曰："吾行矣。"奄然迁化[③]。

注释

① **灭度**：梵文 Nirvāṇa，指命终证果。

② **兀兀**：与下面"腾腾"都是任运自然、自在无为之意。

③ **迁化**：迁，迁移；化，化灭，皆谓人之死。

译文

八月三日，又指示大家说："我圆寂以后，你们不要以世俗之情悲伤哭泣，接受别人的吊唁慰问，身穿孝服，这不是我的弟子，也不是正宗佛法。只要你们认识自己的本心，见到自己的本性，没有动也没有静，没有生也没有灭，没有去没有来，没有是没有非，没有住也没有往。担心你们这些人心中迷惑，不理解我的意思，现在又特意叮嘱你们，使你们见到本心佛性。我圆寂以后，你们照此修行，和我在世时一样。如果违背我的教诲，即使我活在世上，也没有什么益处。"又说偈道：

② **无为法：** 无造作之意。即非由因缘所造作，离生灭变化而绝对常住之法。

③ **先天二年：** 唐玄宗年号，公元七一三年。

④ **衡岳：** 南岳衡山。在今湖南省中部，有寺院数十座。

译文

怀让禅师十五岁，投奔荆州玉泉寺弘景律师出家。武则天万岁通天二年（公元六九七年）受具足戒，学习律藏。有一天忽然感叹道："出家人就应该学习无为法，天上人间，没有能胜过它的。"正好遇到同学坦然，一起结伴去拜谒嵩山安公。安公又让他们去曹溪。他拜见六祖开悟的缘分经过，详细地记在《六祖》那一章里。怀让禅师自从得到佛法以后，又侍奉六祖十五年。唐玄宗先天二年（公元七一三年），前往衡山，居住般若寺。

原典

开元①中，有沙门道一，在衡岳常习坐禅。师知是法器，往问曰："大德坐禅图什么？"一曰："图作佛。"师乃取一砖，于彼庵前石上磨。一曰："磨作什么？"师曰："磨作镜。"一曰："磨砖岂得成镜耶？"师曰：

"磨砖既不成镜，坐禅岂得作佛？"一曰："如何即是？"师曰："如牛驾车，车若不行，打车即是？打牛即是？"一无对。

师又曰："汝学坐禅，为学坐佛？若学坐禅，禅非坐卧。若学坐佛，佛非定相②。于无住法，不应取舍。汝若坐佛，即是杀佛。若执坐相，非达其理。"

一闻示诲，如饮醍醐③，礼拜，问曰："如何用心，即合无相三昧？"师曰："汝学心地法门，如下种子；我说法要，譬彼天泽。汝缘合故，当见其道。"

注释

① **开元：** 唐玄宗年号，公元七一三—七四一年。

② **定相：** 常住不变之相。

③ **醍醐：** 做乳酪时，上一重凝者为酥，酥上加油者为醍醐。味甘美，可入药。由于被看作世间第一上味，所以常用以比喻至理。

译文

唐玄宗开元年间，有个沙门叫道一，在衡山常常修习坐禅。怀让禅师知道他是个具有能得佛法才器的人，就去问他："大德坐禅想求得什么？"道一说："谋求做佛。”禅师拿起一块砖，在他庵前的石头上磨。道一问：“磨这个做什么？”禅师说：“磨做镜子。”道一说：“磨砖怎么能成为镜子呢？”禅师说：“既然磨砖不能成为镜子，那么坐禅怎么能成佛呢？”道一说：“怎么做才对呢？”禅师说：“就好像牛拉车，车如果不走，打车对呢，还是打牛对呢？”道一没法回答。

禅师又说：“你是学习坐禅，还是学习坐佛？如果学习坐禅，那么禅并不是坐卧等形式。如果学习坐佛，佛又没有固定的外相形状。在事物变化不定的无住法上，不应该有所取舍。你如果坐佛，就是杀佛。如果执着于坐相，是不能达到真理的。”

道一听到这番指示教诲，就像喝了醍醐一样，施礼拜谢，问道：“怎样用心，才合乎无相三昧？”禅师说：“你学习心地法门，就像种下种子；我解说法要，就像天降雨露。你的缘分如果符合，就应当见到佛法。”

青原行思禅师

原典

迁[①]闻语，便礼辞祖龛[②]，直诣静居[③]参礼。

师曰：“子何方来？”迁曰：“曹溪。”师曰：“将得什么来？”曰：“未到曹溪亦不失。”师曰：“若恁么，用去曹溪作什么？”曰：“若不到曹溪，争知不失。”迁又曰：“曹溪大师④还识和尚否？”师曰：“汝今识吾否？”曰：“识又争能识得？”师曰：“众角虽多，一麟足矣。”迁又问：“和尚自离曹溪，什么时至此间？”师曰：“我却知汝早晚离曹溪。”曰：“希迁不从曹溪来。”师曰：“我亦知汝去处也。”曰：“和尚幸是大人，莫造次。”

他日，师复问迁：“汝什么处来？”曰：“曹溪。”师乃举拂子曰：“曹溪还有这个么？”曰：“非但曹溪，西天亦无。”师曰：“子莫曾到西天否？”曰：“若到即有也。”师曰：“未在，更道。”曰：“和尚也须道取一半，莫全靠学人⑤。”师曰：“不辞向汝道，恐已后无人承当⑥。”

注释

① **迁：** 石头希迁。

② **祖龛：** 寺院中供奉初祖达磨的地方。

③ **静居：** 寺名，亦称净居寺。在今江西吉安市东南十五公里的青原山。

④ **曹溪大师：** 六祖惠能。因宝林寺在曹溪，故名。

⑤ **学人：**学道之人。

⑥ **承当：**承禅机，领悟禅意。

译文

石头希迁听了六祖的话（让他参见行思），便作礼辞别初祖达磨的神龛，直接来到静居寺参见礼拜。

行思禅师说："你是从哪里来的？"希迁回答说："曹溪。"禅师说："带着什么来的？"希迁说："没到曹溪也没有什么损失。"禅师说："要是那样，还去曹溪做什么？"希迁回答说："如果不到曹溪，怎么知道没有损失。"希迁又问："曹溪大师还认得和尚您吗？"禅师说："你现在认识我吗？"希迁回答说："认识又怎么能认识？"禅师说："虽然有很多角，其实一片鳞就足够了。"希迁又问："和尚自从离开曹溪，是什么时候到这个地方的？"禅师说："我倒知道你是什么时候离开曹溪的。"希迁说："我不从曹溪来。"禅师说："我也知道你的去向了。"希迁说："和尚您幸好是长者，不要乱说。"

过后有一天，禅师又问希迁："你是从什么地方来的？"希迁说："曹溪。"禅师于是举起拂尘问："曹溪还有这个吗？"希迁说："不仅曹溪，连西天也没有。"

禅师说："你恐怕到过西天吧？"希迁回答说："如果到过就有了。"禅师说："不行，再说。"希迁说："和尚也应该说一半，不要全靠学生。"禅师说："给你说倒不要紧，只是恐怕日后没有人领悟禅意。"

原典

僧问："如何是佛法大意？"师曰："庐陵[①]米作么价？"

注释

① **庐陵：** 今江西省吉安市，行思禅师所住青原山即在此一带。

译文

有个和尚问："什么是佛法大意？"禅师说："庐陵米现在是什么价钱？"

6　六祖下第二世

江西马祖道一禅师

原典

江西道一禅师，汉州什邡县[①]人。姓马氏，故俗称“马祖”，或云“马大师”。容貌奇异，牛行虎视，引舌过鼻，足下有二轮文。幼岁于本邑罗汉寺出家，受具于渝州[②]圆律师。

开元中，习定[③]于衡岳，遇让和尚发明大事[④]。同参六人，唯师密授心印[⑤]。始居建阳[⑥]佛迹岭，迁于临川[⑦]，次至南康龚公山[⑧]。大历[⑨]中，连帅[⑩]路嗣恭请师开法[⑪]，四方学者云集座下。

注释

① **汉州什邡县**：汉州，汉洛县地，属广汉郡，唐时置州，后改广汉县，即今四川省广汉市。什邡县即今广汉县，故治在今广汉县南。

② **渝州**：今重庆。

③ **习定**：学习禅法。

④ **大事**：转迷开悟。

⑤ **心印**：又作佛心印。禅宗认为依语言文字无法表现之佛陀自内证，称为佛心。其所证悟之真理，如世间之印形决定不变，故称为心印。不依文字即可见性（悟自己之本性）称为传心印。

⑥ **建阳**：县名，属福建省。

⑦ **临川**：县名，属江西省。

⑧ **龚公山**：在江西赣县北三十里，过去隐士龚毫栖隐于此，故名。

⑨ **大历**：唐代宗年号，公元七六六—七七九年。

⑩ **连帅**：古时十国诸侯之长叫连帅。唐代多指观察使、按察使。

⑪ **开法**：意为教法开始。

译文

江西马祖道一禅师，汉州什邡县人。姓马，因此俗称为“马祖”，或称他“马大师”。他的容貌奇怪特异，走路像牛一样稳重，看物像虎一样有神，伸出舌头可以超过鼻子，脚下有两个圆形花纹。幼年时期在本州罗汉寺出家，由渝州圆律师授予他具足戒。

开元年间，在南岳衡山学习禅法，蒙怀让禅师开导得以发现佛性。同时参学的六人当中，只有道一禅师被秘密授予心印。开始居住在建阳佛迹岭，又迁往临川，后又到南康龚公山。唐代宗大历年间，观察使路嗣恭请道一禅师开始教法，从此四面八方的学道者纷纷云集到大师的法座之下。

原典

僧问："和尚为什么说即心即佛[①]？"曰："为止小儿啼。"曰："啼止时如何？"师曰："非心非佛。"曰："除此二种人来，如何指示？"师曰："向伊道不是物。"曰："忽遇其中人来时如何？"曰："且教伊体会大道。"

注释

① **即心即佛：** 又叫即心是佛、即心成佛。意思是说是心即是佛。

译文

有僧人问："和尚为什么说心就是佛？"道一禅师说："为了制止小孩哭泣。"僧人问："哭声停止时怎样？"禅师说："不是心也不是佛。"僧人问："除了这两种人来，又怎样指示呢？"禅师说："跟他说不是物。"僧人问："忽然遇到其中的人来时怎么样？"禅师说："姑且教他体会大道佛法。"

原典

僧参次，师乃画一圆相云："入也打，不入也打。"僧才入，师便打。僧云："和尚打某甲[①]不得。"师靠拄杖休去。

注释

① **某甲：** 人名的代称。此处是自称。

译文

僧人参问的时候，道一禅师便画一个圆圈说："进去也打，不进去也打。"僧人刚进去，禅师就打。僧人说："和尚不能打我。"禅师靠着拄杖不作声了。

原典

问："如何是西来意[①]？"师便打，曰："我若不打汝，诸方笑我也。"

注释

① **西来意：** 祖师西来意。禅宗初祖达磨从西方（印度）来东土（中国）传授道法的旨意，也就是禅宗旨意。这是学禅之人首先关心的，所以常常问及这一问题。

译文

有人问："什么是达磨大师从西土来中国传授的旨意？"道一禅师就打他，说："我要是不打你，各山头的禅师就笑话了。"

原典

问："如何得合道？"师曰："我早不合道。"

百丈[①]问："如何是佛法旨趣？"师曰："正是汝放身命处。"

注释

① **百丈：**百丈怀海。

译文

有人问："怎样才能合乎道？"道一禅师说："我早就不合道了。"

百丈怀海问："什么是佛法的旨趣呢？"道一禅师说："正是你放弃身家性命之处。"

原典

洪州廉使[①]问曰："吃酒肉即是，不吃即是？"师曰："若吃是中丞[②]禄，不吃是中丞福。"

注释

① **廉使：**唐景龙二年设置十道按察使，巡察各道

吏治。开元二十二年又设置十道采访处置使，后改为观察处置使。省称廉使。

② **中丞**：唐时为御史台之长官。

译文

洪州的廉使问："吃酒肉对，还是不吃对？"道一禅师说："如果吃是中丞的禄位，不吃则是中丞在造福。"

南岳石头希迁禅师

原典

南岳石头希迁禅师，端州高要[①]陈氏子。母怀师则不能茹荤。幼而徇齐[②]。既冠[③]，然诺自许。乡民多杀牛祀鬼神，师数毁祠夺牛归，岁恒数十。后造曹溪得度，见青原得法。

注释

① **高要**：县名，属广东省。

② **徇齐**：敏慧。

③ **冠**：成人。古代男子二十岁行成人礼，结发戴冠。

译文

南岳石头希迁禅师，是端州高要陈家之子。母亲怀他的时候就不能吃荤腥的东西。从小就非常聪明。长大以后，以坚决实践诺言自许。当地的乡民们常常杀牛祭祀鬼神，希迁经常毁掉祠堂夺牛回来，每年都有数十头。后来到曹溪得以剃度为僧，参问青原行思禅师而得见佛法。

原典

一日原问师曰："有人道岭南①有消息。"师曰："有人不道岭南有消息。"曰："若恁么，大藏小藏②从何而来？"师曰："尽从这里去。"原然之。

注释

① **岭南：** 这里指六祖惠能大师住地曹溪。

② **大藏小藏：** 禅林中以《华严经》《宝积经》《般若经》《涅槃经》等八四一卷为四大部经。若对一切经称"大藏"，则此四大部经称"小藏"。

译文

一天青原对希迁禅师说："有人说岭南有消息。"禅师说："有人不说岭南有消息。"青原说："如果是那样，大藏小藏是从哪儿来的？"禅师说："都从这里去。"青原肯定了他的回答。

原典

门人道悟问："曹溪意旨谁人得？"师曰："会佛法人得。"曰："师还得否？"师曰："不得。"曰："为什么不得？"曰："我不会佛法。"

僧问："如何是解脱？"师曰："谁缚汝？"问："如何是净土[①]？"师曰："谁垢汝？"问："如何是涅槃？"曰："谁将生死与汝？"

注释

① **净土：** 谓庄严洁净，没有五浊（劫浊、见浊、烦恼浊、众生浊、命浊）的世界。

译文

学生道悟问："曹溪大师的意旨是什么人得去了？"

希迁禅师说："会佛法的人得到了。"道悟问："师父您得到了吗？"禅师说："没得。"道悟说："为什么没得？"禅师说："我不会佛法。"

僧人问："什么是解脱？"希迁禅师说："谁束缚你了？"问："什么是净土？"禅师说："谁污垢你了？"问："什么是涅槃？"禅师说："谁把生死给你了？"

原典

师问新到："从什么处来？"曰："江西来。"师曰："见马大师否？"曰："见。"师乃指一橛柴曰："马师何似这个？"僧无对。却回举似[①]马祖。祖曰："汝见橛柴大小？"曰："没量大。"祖曰："汝甚有力。"曰："何也？"祖曰："汝从南岳负一橛柴来，岂不是有力？"

注释

① **举似：**称引似原来情形。

译文

希迁禅师问新来的僧人："从什么地方来？"回答说："从江西来。"禅师说："见到马大师了吗？"回答说："见到了。"禅师便指着一截木柴说："马大师像不像这个？”僧人无言以对。回去以后学给马祖听。马祖说：“你看到的那截木柴有多大？”僧人说：“没有边那么大。”马祖说：“你很有力气。”僧人说：“为什么？”马祖说：“你从南岳背一截木柴来，难道不是很有力气吗？”

原典

问：“如何是西来意？”师曰：“问取露柱[①]。”曰：“学人不会。”师曰：“我更不会。”

注释

① **露柱：** 立于堂外正面的两根柱子。

译文

有人问：“什么是初祖达磨大师从西土来中国传授的旨意？”希迁禅师说：“去问露柱吧。”那人说：“学人不领会。”禅师说：“我更不领会。”

7 旁出法嗣

牛头山法融禅师

原典

师曰："还识道信禅师否？"祖曰："何以问他？"师曰："向德滋久，冀一礼谒。"祖曰："道信禅师，贫道是也。"师曰："因何降此？"祖曰："特来相访。莫更有宴息之处否？"师指后面曰："别有小庵。"遂引祖至庵所。绕庵唯见虎狼之类，祖乃举两手作怖势。师曰："犹有这个在。"祖曰："这个是什么？"师无语。

少选，祖却于师宴坐石上书一佛字，师睹之竦然。祖曰："犹有这个在。"师未晓，乃稽首请说真要[①]。祖曰："夫百千法门，同归方寸，河沙妙德，总在心源。一切戒门[②]、定门、慧门，神通变化，悉自具足，不离汝心。一切烦恼业障[3]，本来空寂。一切因果，皆如梦幻。无三界可出，无菩提可求。人与非人，性相平等。大道虚旷，绝思绝虑。如是之法，汝今已得，更无阙少，与佛何殊？更无别法。汝但任心自在，莫作观行[4]，亦莫澄心，莫起贪嗔[5]，莫怀愁虑，荡荡无碍，任意纵横，不作诸善，不作诸恶，行住坐卧，触目遇缘，总是佛之妙用，快乐无忧，故名为佛。”

师曰：“心既具足，何者是佛？何者是心？”祖曰：“非心不问佛，问佛非不心。”师曰：“既不许作观行，于境[6]起时，心如何对治？”祖曰：“境缘无好丑，好丑起于心。心若不强名，妄情从何起？妄情既不起，真心任遍知。汝但随心自在，无复对治，即名常住法身，无有变异。吾受璨大师[7]顿教法门，今付于汝。汝今谛[8]受吾言，只住此山。向后当有五人达者，绍汝玄化[9]。”

注释

① **真要：** 真实精要之理。

② **戒门：** 戒律之法门。

③ **业障：** 罪孽。业，指过去所作；障，即障碍。业障，谓前世所作种种恶果，致为今生的障碍。

④ **观行**：由心观理，按理身体力行。

⑤ **贪嗔**：三毒中之二毒，贪欲与嗔恚。

⑥ **境**：人通过眼、耳、鼻、舌、身、意所感觉认识到的事物、境界。

⑦ **璨大师**：三祖僧璨。

⑧ **谛**：细察、注意。

⑨ **玄化**：至德的教化。

译文

法融禅师问："你认得道信禅师吗？"四祖道信说："为什么问他呢？"禅师说："我向往他的德行已经很久了，希望能拜见一次。"四祖说："你所说的道信禅师，正是贫道。"禅师说："为什么屈身到此？"四祖说："特意前来拜访。再没有个休息的地方吗？"禅师指着后面说："还有一个小庵。"于是把四祖带到小庵前面。小庵周围见到的都是虎狼一类的猛兽，四祖举起两手作出害怕的样子。禅师说："您还有这个在。"四祖说："这个是什么？"禅师无言可对。

不一会儿，四祖却在禅师坐禅的石头上写了一个佛字，禅师看了以后肃然震惊。四祖说："还有这个在。"禅师还没明白，便磕头请四祖讲说真正而精要的佛理。

四祖说："成百上千种法门，都归结为方寸之间；无数的微妙功德，都在心源。一切戒门、定门、慧门，神通变化，都自然完备，不离开你的心。一切烦恼罪孽，本来都空虚无有。一切因果报应，都像梦幻一样。没有三界可以跳出，也没有菩提智慧可以追求。人和非人，本性相互平等。佛法大道虚无空旷，断绝思想断绝考虑。像这样的佛法，你现在已经得到，再也没有什么欠缺，和佛有什么两样？此外再也没有其他的佛法。你只要任凭自己的心自由自在，不要做观察行动，也不要有意澄清自己的心，不要起贪欲嗔怒之念，也不要心怀忧思愁虑，空空荡荡没有障碍，任凭自己的意念纵横驰骋，不做各种善事，不做各种恶事，行住坐卧，触目遇会机缘，总都是佛的妙用，快快乐乐无忧无虑，所以叫作佛。"

禅师说："心既然已经完备，那么什么是佛？什么是心？"四祖说："不是心就不问佛，问佛非不心。"禅师说："既然不许做观察行为，那么当境出现时，心怎样去对付呢？"四祖说："境缘没有好坏，好坏都起于自己内心。心要是不硬给它安上好坏这类名称，妄情从哪里引起呢？妄情既然不起，真心任运无所不知。你只要随着自心自由自在，不再加以对付，就称得上常住法身，没有变化。吾从璨大师那里得来的顿教法门，现在传授给你。你现在注意听我的话，只住在这座山上，日后会有五人通达真道，承接你的教化。”

牛头山智岩禅师

原典

牛头山[①]智岩禅师，曲阿[②]华氏子。弱冠[③]智勇过人。隋大业[④]中为郎将[⑤]，常以弓挂滤水囊[⑥]，随所至自汲用，累立战功。年四十，遂乞出家。入舒州[⑦]皖公山，从宝月禅师。

一日宴坐，睹异僧身长丈余，谓之曰："卿八十生出家，宜加精进[⑧]。"言讫不见。尝在谷中入定，山水暴涨，师怡然不动，其水自退，有猎者遇之，遂改过修善。

复有昔同从军者二人，闻师隐遁，共入山寻之。既见谓曰："郎将狂耶？何为住此？"师曰："我狂欲醒，君狂正发。夫嗜色淫声，贪荣冒宠，流转生死，何由自出？"二人感叹而去。

师后谒融禅师，发明大事。尝谓师曰："吾受信大师真诀，所得都亡。设有一法，胜过涅槃，吾说亦如梦幻。夫一尘飞而翳天，一芥堕而覆地。汝今已过此见，我复何云？"

注释

① **牛头山**：在今江苏省江宁县南。有佛窟寺、幽栖寺。

② **曲阿**：今江苏丹阳。

③ **弱冠**：古时男子二十岁成人，初加冠，体还未壮，故称弱。

④ **大业**：隋炀帝年号，公元六〇五—六一八年。

⑤ **郎将**：官名。北周行府兵制，每府由一位郎将统领，隋沿用其制。

⑥ **滤水囊**：也叫漉水囊。比丘衣具六物之一，用以滤去水中微虫。

⑦ **舒州**：在今安徽省境。

⑧ **精进**：佛教以布施、持戒、忍辱、精进、禅定、智慧为成佛的基本功德，称六度。能持善乐道不自放逸，为精进。

译文

牛头山智岩禅师，曲阿华氏之子。到二十岁时就智勇超出常人。隋炀帝大业年间做中郎将，他经常在弓上挂一个滤水囊，不管到哪里都自己打水用它过滤，多次立下战功。到四十岁时，便请求出家。去舒州皖公山，跟随宝月禅师。

有一天在坐禅时，看见一个奇异的僧人身体有一丈多高，对他说："你共有八十生出家修行，应该加紧修道。"说完就不见了。曾经在山谷中进入禅定，山洪暴涨，智岩禅师怡然不动，洪水自行退去。有个打猎的人遇到禅师，便改掉过错修行善道。

又有过去和他一同从军的两个人，听说禅师隐居遁世，就一起进山来寻找。见到后说："郎将你疯了吗？为什么住在这个地方？"禅师说："我的疯狂即将醒悟，可你们的疯狂正在发作。沉湎于声色，贪图荣华，与人争宠，陷于生死轮回之中，怎么能自拔呢？"那两个人感慨叹息着离开了。

禅师后来谒见法融禅师，发明了佛性。法融禅师曾经对他说："我接受道信大师的真诀，所得到的东西都没有了。如果有一种法，胜过涅槃，那么我说的也就像梦幻一样。一颗尘飞起来可以遮蔽整个天空，一个芥子落下来可以覆盖整个大地。你现在已经超越了这个见解，我还有什么可说的呢？"

天台山云居智禅师

原典

天台山[①]云居智禅师，尝有华严院[②]僧继宗问：“见性成佛，其义云何？”师曰：“清净之性，本来湛然，无有动摇，不属有无、净秽、长短、取舍，体自倏然。如是明见，乃名见性。性即佛，佛即性，故曰见性成佛。”

曰：“至理如何？”师曰：“我以要言之，汝即应念清净性中，无有凡圣，亦无了不了人。凡之与圣，二俱是名。若随名生解，即堕生死。若知假名不实，即无有当名者。”

又曰：“此是极究竟处，若云‘我能了，彼不能了’，即是大病。见有净秽、凡圣，亦是大病。作无凡圣解，又属拨无因果[③]。见有清净性可栖止，亦大病。作不栖止解，亦大病。然清净性中，虽无动摇，且不坏方便[④]应用。及兴慈运悲，如是兴运之处，即全清净之性，可谓见性成佛矣。”继宗踊跃礼谢而退。

注释

① **天台山：** 在浙江省天台县，为仙霞山余脉。道

家谓其八重四面，上应台宿，故名天台。

② **华严院**：在天台山。

③ **拨无因果**：否定因果报应规律，佛教认为是一种邪见。

④ **方便**：这里指为度脱众生而采取各种灵活的方法。

译文

天台山云居智禅师，曾经有个华严院的和尚继宗问："见性成佛，它的意思是什么？"禅师说："清净之性，本来是澄澈的，没有动摇，也无所谓有无、净秽、长短、取舍，其本体自然超脱。这样明白地认识，就叫作见性。性就是佛，佛就是性。所以说见性成佛。"

又问："至极真理是什么？"禅师说："我简要地说，你应该想到清净的本性之中，无所谓凡人和圣人，也没有明了之人和不明了之人。凡人和圣人，两者都只是个名称。如果就名称去理解，就堕入了生死轮回之中。如果知道了名称的虚假没有真实，也就没有什么事物可以使用名称了。"

又说："这是佛法的最根本的地方，如果说'我能明了，他不能明了'，就是大的错误。看到有干净和污秽、凡人和圣人的差别，也是大的错误。如果当作没有凡人圣人去理解，又否定了有因果报应的道理。看到有清净本性可以栖息，也是大错误。认为不可栖息，也是大错误。然而清净本性之中，虽然没有动摇，却可以不妨碍方便应用。至于发扬慈悲，在这种施行之中，就圆满地体现了清净本性，可以说是见性成佛了。”继宗听后高兴地跳起来施礼感谢退下。

鸟窠道林禅师

原典

白居易守杭时[①]，入山谒师，问曰："禅师住处甚危险[②]。”师曰："太守危险尤甚。”白曰："弟子位镇江山，何险之有？”师曰："薪火相交，识性[③]不停，得非险乎？”

又问："如何是佛法大意？”师曰："诸恶莫作，诸善奉行[④]。”白曰："三岁孩儿也解恁么道。”师曰："三岁孩儿虽道得，八十老人行不得。”白作礼而退。

注释

① **白居易守杭时：**白居易，中唐大诗人。长庆二

年（公元八二二年）七月至长庆四年（公元八二四年）五月任杭州刺史。

② **住处甚危险：**道林禅师曾在秦望山（浙江绍兴东北）古松上栖宿，所以人称“鸟窠禅师”。

③ **识性：**二十五圆通第二十三，弥勒菩萨所举的通向圆通之法。亦即七大中的识大。

④ **诸恶莫作，诸善奉行：**本为《增一阿含经》卷一中阿难所说一偈语中前两句。全偈是：“诸恶莫作，诸善奉行，自净其意，是诸佛教。”此一偈总括一切佛教。

译文

白居易出任杭州太守时，进山去参见道林禅师，问道：“禅师您住的地方太危险了吧。”道林禅师说：“太守您的危险更大。”白居易说：“弟子现在职位镇守江山，有什么危险？”禅师说：“薪柴与烈火相交接，识性不能停止，能够不危险吗？”

白居易又问：“什么是佛法的主要旨意？”禅师说：“各种恶事不要去做，各种善事都应奉行。”白居易说：“三岁的小孩也懂得那么说。”禅师说：“三岁的孩子虽然能说得出，八十岁的老人却做不到。”白居易行礼而退。

南阳慧忠国师

原典

供奉[1]注《思益经》[2]。师曰：“凡注经须会佛义始得。”曰：“若不会佛意，争解注经？”师令侍者盛一碗水，中着七粒米，碗面安一只箸，问奉是什么义。奉无语。师曰：“老僧意尚不会，何况佛意？”

注释

① **供奉：**官职名，在皇帝左右供职。此处指紫璘。

② **《思益经》：**《思益梵天所问经》，四卷，后秦鸠摩罗什译。思益，梵天之名，讲大乘的实义以破小乘的偏小。

译文

供奉紫璘在注《思益经》。慧忠国师说：“凡是注经一定要领会佛意才行。”供奉说：“如果不会佛意，怎么懂得注经呢？”国师便叫侍者盛上一碗水，中间放七粒米，碗上放一根筷子，问供奉是什么意思。供奉无法回答。国师说：“老僧的意思你都不能领会，更何况佛的意思呢？”

原典

僧问:“古德[①]云:‘青青翠竹,尽是法身[②]。郁郁黄花,无非般若。’有人不许,云是邪说;亦有信者,云不思议[③]。不知若为?”师曰:“此盖普贤、文殊境界,非诸凡小[④]而能信受。皆与大乘了义经[⑤]意合。

“故《华严经》[⑥]云:‘佛身充满于法界,普现一切群生前,随缘赴感靡不周,而常处此菩提座。’翠竹既不出于法界,岂非法身乎?又《般若经》[⑦]云:‘色无边故,般若亦无边。’黄花既不越于色,岂非般若乎?深远之言,不省者难为措意。”于是禅客作礼而去。

注释

① **古德**:已作古的德行高的僧人。

② **法身**:佛身,亦即真如本相。

③ **不思议**:也叫不可思议。或因道理过于深妙,或由于事情过于稀奇,不可以用心去思想,不可以用语言去议论。

④ **凡小**:凡夫,小乘之人。又凡夫即是小人,所以叫作凡小。

⑤ **了义经**:指说理透彻而明了的佛教经典。

⑥**《华严经》**:梵文为 Buddhāvataṃsaka-mahāva

ipulya-sūtra。全称《大方广佛华严经》。华严宗据以立宗的重要经典。

⑦《**般若经**》:《大般若波罗蜜多经》。梵文为Mahā-prajñāpāramitā-sūtra。略称《大般若经》《般若经》。为佛教般若类经典的汇编。

译文

僧人问:“过去的高僧说:‘青青的翠竹,都是真如本相。茂盛的黄色花,无不是般若智慧。’有人不同意,说这是邪说;也有相信的,说不可思议。不知究竟怎样?”国师说:“这大概是普贤、文殊菩萨的境界,并不是凡夫小人所能够相信接受的。这都与大乘中说理透彻而明了的佛教经典的意思相符合。

“所以《华严经》说:‘佛身充满在万事万物当中,普遍地呈现在一切众生之前,随着因缘感应着无不周遍,而永恒地处在菩提智慧当中。’翠竹既然没有超出万物之外,难道不是法身吗?又《般若经》说:‘物界广阔无边,所以般若智慧也广阔无边。’黄色的花既然没有超越于物界,难道不是般若智慧吗?意义深远的话,不领悟的人难以理解。”于是禅客行礼而去。

8　未详法嗣

师子捉兔

原典

昔有一老宿[1]，因僧问："师子[2]捉兔，亦全其力；捉象，亦全其力，未审全个什么力？"老宿曰："不欺之力。"

注释

① **老宿：**高僧。

② **师子：**狮子。

译文

过去有一位高僧，因和尚问他："狮子捉兔子，也使尽全身力气；捉大象时，也尽他全身之力，不知道全的是什么力？"回答说："不欺之力。"

婆子烧庵

原典

昔有婆子，供养一庵主[1]。经二十年，常令一二八女子送饭给侍。一日令女子抱定曰："正恁么时如何？"主曰："枯木倚寒岩，三冬无暖气。"女子举似婆。婆曰："我二十年只供养得个俗汉！"遂遣出，烧却庵。

注释

① **庵主：**创建庵寺之人。原通于僧俗。近世之庵主，则多指尼僧。

译文

过去有一位婆婆，供养一个庵主。过了二十年，常常派一个二八年华的女子送饭侍候。有一天命女子抱住庵主说："正在那个时候怎样？"庵主说："枯木倚靠着寒冷的岩石，三冬里没有一丝暖气。"女子回来学给婆婆听。婆婆说："我二十年来，只供养一个俗汉！"于是将庵主赶出，烧了庵房。

婆子到赵州

原典

昔有婆子临斋[①]，入赵州[②]法堂，云："这一堂师僧，总是婆婆生得底，唯有大底孩儿五逆[③]不孝。"州才顾视，婆便出去。

注释

① **斋**：过中午不食为斋。又素食曰斋。

② **赵州**：赵州从谂禅师。

③ **五逆**：又叫五无间业。罪恶极逆于理，所以叫作逆。

译文

过去有个婆婆临斋时，进入赵州从谂禅师的法堂，说："这一堂禅师僧人，都是婆婆生的，只有大的孩子五逆不孝。"赵州才抬眼去看，婆婆已经出去了。

跨驴人

原典

昔有跨驴人，问众僧何往。僧曰：“道场[①]去。”其人曰：“何处不是道场？”僧殴之曰：“这汉没道理，向道场里跨驴不下。”

注释

① **道场：** 含义甚多，供佛祭祀之所、修行学道之处、某些法会，都可以称为道场。

译文

过去有一个骑驴的人，问一群和尚到什么地方去。和尚说：“往道场去。”那个人说：“什么地方不是道场？”众和尚揍他说：“这个汉子好没道理，到道场里骑驴还不下来。”

9　六祖下第三世

洪州百丈山怀海禅师

原典

洪州[1]百丈山[2]怀海禅师，福州长乐[3]人，王氏子。儿时随母入寺拜佛，指佛像问母曰："此为谁？"母曰："佛也。"师曰："形容与人无异，我后亦当作佛。"丱岁[4]离尘[5]，三学[6]该练。参马大师为侍者。檀越[7]每送斋饭来，师才揭开盘盖，马大师便拈起一片胡饼[8]，示众，云："是什么？"每每如此。

经三年，一日侍马祖行次，见一群野鸭飞过。祖曰："是什么？"师曰："野鸭子。"祖曰："甚处去也？"师曰："飞过去也。"祖遂把师鼻扭，负痛失声。祖曰："又道飞过去也！"师于言下有省，却归侍者寮，哀哀大哭。同事问曰："汝忆父母耶？"师曰："无。"曰："被人骂耶？"师曰："无。"曰："哭作什么？"师曰："我鼻孔被大师扭得痛不彻。"同事曰："有甚因缘不契？"师曰："汝问取和尚去。"同事问大师曰："海侍者有何因缘不契，在寮中哭，告和尚为某甲说。"大师曰："是伊会也，汝自问取他。"同事归寮曰："和尚道汝会也，教我自问汝。"师乃呵呵大笑。同事曰："适来哭，如今为甚却笑？"师曰："适来哭，如今笑。"同事罔然。

次日，马祖升座，众才集，师出卷却席，祖便下座。师随至方丈。祖曰："我适来未曾说话，汝为甚便卷却席？"师曰："昨日被和尚扭得鼻头痛。"祖曰："汝昨日向甚处留心？"师曰："鼻头今日又不痛也。"祖曰："汝深明昨日事。"师作礼而退。

注释

① **洪州：** 故治即今江西南昌市。

② **百丈山：** 大雄山，在今江西省奉新县。

③ **长乐：** 今福建省长乐市。

④ **丱岁：** 男女未成年叫丱。

⑤ **离尘：** 出家为僧。

⑥ **三学：**戒、定、慧。

⑦ **檀越：**梵语，意即施主。

⑧ **胡饼：**烧饼。因其制法来自胡地，故名。

译文

洪州百丈山怀海禅师，福州长乐县人，姓王。童年跟随母亲去佛寺拜佛，指着佛像问母亲说："这是谁？"母亲说："是佛。"禅师说："样子和人没有什么区别，我以后也要做佛。"少年时就离俗出家，戒、定、慧三学无不精通。参见马大师，作为大师的侍者。施主每次送斋饭来，禅师刚一揭开盘盖，马大师就拈起一块胡饼，出示给大家看，说："是什么？"每每这样。

过了三年，一天正在侍候马祖的时候，看到一群野鸭子从天上飞过。马祖问："是什么？"禅师说："野鸭子。"马祖说："哪里去了？"禅师说："飞过去了。"马祖便拧住禅师的鼻子扭，疼得他叫出声来。马祖说："再说飞过去了！"禅师一听有所省悟，却回到侍者寮，哀声痛哭。同学问道："你想父母了吗？"禅师说："没有。"同学说："是被人骂了？"禅师说："没有。"同学说："那么你哭做什么？"禅师说："我鼻孔被马大师拧得疼个没完。"同学问："有什么机缘不契合吗？"禅师说："你问和尚去。"同学去问大师说："怀海侍者有什么机缘不契合，他在寮房中哭，请和尚给我说说。"大师说："是他已经领悟了，你自己去问他。"同学回到寮房说："和尚说你领悟了，叫我自己来问你。"禅师于是呵呵大笑。同学问："刚才还在哭，现在怎么又笑了？"禅师说："刚才哭，现在笑。"同学迷惑不解。

第二天，马祖登上法座，众人刚刚聚集，禅师就出来把席子卷了起来，马祖便下了座位。禅师随马祖来到方丈，马祖说："我刚才没有说话，你为什么把坐席给卷了？"禅师说："昨天被和尚拧得我鼻尖痛。"马祖说："你昨天往什么地方留心？"禅师说："鼻尖今天又不疼了。"马祖说："你很明白了昨天的事情。"禅师行礼退出。

原典

师再参侍立次，祖目视绳床角拂子。师曰："即此用？离此用？"祖曰："汝向后开两片皮[①]，将何为人？"师取拂子竖起。祖曰："即此用？离此用？"师挂拂子于旧处，祖振威一喝，师直得三日耳聋。

未几，住大雄山，以所处岩峦峻极，故号"百丈"。四方学者麕至。一日谓众曰："佛法不是小事。老僧昔被马大师一喝，直得三日耳聋。”黄檗闻举，不觉吐舌。师曰：“子已后莫承嗣马祖去么？”檗曰：“不然。今日因和尚举，得见马祖大机之[2]用，然且不识马祖。若嗣马祖，已后丧我儿孙[3]。”师曰：“如是，如是。见与师齐，减师半德；见过于师，方堪传授。子甚有超师之见。”檗便礼拜。

注释

① **两片皮：**指嘴。

② “之”，原注云“应作大”。

③ **丧我儿孙：**比喻丧失法嗣。

译文

禅师再一次参问侍立时，马祖用眼睛看着绳床角上的拂子。禅师说：“接近它用？还是离开它用？”马祖说：“你今后开两片皮，将怎样做人？”禅师取下拂子竖起来。马祖说：“接近它用？离开它用？”禅师把拂子挂回原处，马祖振起雄威大喝一声，禅师直觉得三天耳朵发聋。

不久，去住大雄山，由于那个地方山岩高峻陡峭，所以号称“百丈”。四面八方的学道者蜂拥而至。一天对众人说："佛法可不是小事。老僧当年被马大师一喝，直觉得三天耳朵发聋。"黄檗希运听他这么一学，不禁吐出舌头。禅师说："你以后不去继承马祖去吗？"黄檗说："不是。今天通过和尚这么一学，得以见到马祖的大机大用，然而我且无法认识马祖的全貌。如果做马祖的继承人，以后会丧掉我的儿孙。"禅师说："是这样，是这样。见解和师父平行，就会减去师父一半的德行；见解超过师父，才可以弘扬传授。你很有超越师父的见解。"黄檗行礼拜谢。

原典

住后，马师寄三瓮酱至，师集众上堂，开书了，拈拄杖指瓮曰："道得即不打破，道不得即打破。"众无语，师打破，归方丈。

马祖一日问师："什么处来？"师曰："山后来。"祖曰："逢着一人么？"曰："不逢着。"祖曰："为什么不逢着？"曰："若逢着即举似和尚。"祖曰："什么处得这消息来？"曰："某甲罪过。"祖曰："却是老僧罪过。"

有僧哭入法堂[①]来，师曰："作么？"曰："父母俱丧，请师选日。"师曰："明日来一时埋却。"

注释

① **法堂：** 演说大法之堂。

译文

过了一段时候，马大师寄来三坛酱来，怀海禅师召集大家上堂，打开了信，拿着拄杖指着坛子说："有个说法就不打破，说不出来就打破。"大家都无言以对，禅师将坛子打碎以后，便回方丈。

马祖有一天问怀海禅师说："从什么地方来？"禅师说："山后面来。"马祖说："遇到一个人了吗？"禅师说："没有遇到。"马祖说："为什么没遇到？"回答说："如果遇到了就讲给您听了。"马祖问："从什么地方得这个消息来？"禅师说："这是我的罪过。"马祖说："倒是我的罪过。"

有个僧人哭着进法堂来，怀海禅师说："怎么了？"僧人说："父母都死了，请师父选个日子。"禅师说："明天来了一起埋了。"

原典

沩山①、五峰②、云岩③侍立次，师问沩山："并却咽喉唇吻，作么生道？”山曰：“却请和尚道。”师曰：“不辞向汝道，恐已后丧汝儿孙。”又问五峰，峰曰：“和尚也须并却。”师曰：“无人处斫额[4]望汝。”又问云岩，岩曰：“和尚有也未？”师曰：“丧我儿孙。”

注释

① **沩山：**沩山灵祐。

② **五峰：**五峰常观。

③ **云岩：**云岩昙晟。

④ **斫额：**以手加额，远望的动作。

译文

沩山灵祐、五峰常观、云岩昙晟三人侍立时，怀海禅师问沩山：“闭上咽喉嘴巴，怎么说话？”沩山说：“请您说。”禅师说：“不是我拒绝对你说，恐怕以后丧失了你的子孙。”又问五峰，五峰说：“和尚您也应该闭上。”禅师说：“没有人的地方我手搭凉棚望着你。”又问云岩，云岩说：“您有没有？”禅师说：“丧失我的子孙。”

原典

师每上堂，有一老人随众听法。一日众退，唯老人不去，师问："汝是何人？"老人曰："某非人也。于过去迦叶佛时，曾住此山。因学人问：'大修行人还落因果[①]也无？'某对云：'不落因果。'遂五百生堕野狐身。今请和尚代一转语[②]，贵脱野狐身。"

师曰："汝问。"老人曰："大修行人还落因果也无？"师曰："不昧因果。"老人于言下大悟，作礼曰："某已脱野狐身，住在山后，敢乞依亡僧律送。"

师令维那[③]白椎告众："食后送亡僧！"大众聚议："大众皆安，涅槃堂[④]又无病人，何故如此？"食后，师领众至山后岩下，以杖挑出一死野狐，乃依法火葬。师至晚上堂，举前因缘。

黄檗便问："古人错只对一转语，堕五百生野狐身。转转不错，合作个什么？"师曰："近前来向汝道。"檗近前打师一掌。师笑曰："将谓胡须赤，更有赤须胡[⑤]。"

时沩山在会下作典座[⑥]，司马头陀举野狐话，问："典座作么生？"座撼门扇三下。司马曰："太粗生。"座曰："佛法不是这个道理。"

注释

① **因果：** 佛教认为任何思想言行都引出相应的后果，称为因果报应。因果指报应中的前因与后果。

② **转语：**禅林用语。随于机宜自由自在转变词锋之语，称为转语。在禅者迷惑不解、进退维谷之际，师家为了使禅者迷惑开解，忽然翻转机法而下转语。

③ **维那：**音译羯磨陀那。为寺中统理僧众杂事之职僧。于禅宗，维那为六知事之一，为掌理众僧进退威仪之重要职称。

④ **涅槃堂：**又叫延寿堂、省行堂、无常堂。送病僧入灭之处。

⑤ **将谓胡须赤，更有赤须胡：**意谓天外有天，强中更有强中手。

⑥ **典座：**禅林中负责大众斋粥之职称。东序六知事之一。

译文

怀海禅师每次上堂讲法时，都有一个老人随着大众听法。有一天众人退下以后，唯有老人不走，禅师问：“你是什么人？”老人说：“我不是人。在过去迦叶佛时，曾经住在这座山上。因学人问：‘大修行的人还落因果报应吗？’我回答说：‘不落因果报应。’于是五百生堕为野狐之身。现在请和尚您替我说一句转语，希望能脱离这野狐之身。”

禅师说："你问吧。"老人说："大修行的人还落因果报应吗？"禅师说："不昧于因果报应。"老人听后大为省悟，行礼说："我已经脱离了野狐之身，住在山后，我大胆地请求您按亡僧规式替我送葬。"

禅师命令维那敲椎通知大家："吃完饭以后去送亡僧！"大家聚在一起议论说："大家都好好的，涅槃堂里又没有病人，为什么会这样呢？"吃完饭以后，禅师带领大家来到后山岩石下面，用拄杖挑出一只死野狐狸，就按照亡僧送葬的方式将它火葬了。禅师到晚上上堂，便讲了前后原因经过。

黄檗问："古人只是错对了一句转语，就堕为五百世野狐身。如果转转总也不错，应该做个什么？"禅师说："你到我跟前来我给你说。"黄檗上前打了禅师一掌。禅师笑着说："本以为胡人的胡子是红的，更来了一个红胡子的胡人。"

当时沩山在会下做典座，司马头陀举野狐这个故事，问："典座你怎么办？"典座把门扇撼三下。司马头陀说："太粗疏了。"典座说："佛法并不是这个道理。"

原典

普请[①]镬地次，忽有一僧闻鼓鸣，举镬头大笑便归。师曰：“俊哉，此是观音入理之门。”师归院，乃唤其僧问：“适来见什么道理，便恁么？”曰：“适来肚饥，闻鼓声归吃饭。”师乃笑。

注释

① **普请：**寺院中集体劳动称普请。

译文

集体劳动镢地时，忽然有一个僧人听到鼓响，就举起镢头大笑往回走。怀海禅师说：“行啊，这是观察声音深入妙理的途径。”禅师回到寺院里，便召来那个僧人问：“刚才你看到什么道理，就那样做了？”回答说：“刚才肚子饿，听到鼓声回来吃饭。”禅师听完就笑。

原典

师谓众曰：“有一人长不吃饭不道饥，有一人终日吃饭不道饱。”

师凡作务执劳，必先于众，主者不忍，密收作具而请息之。师曰：“吾无德，争合劳于人？”既遍求作具不获，则亦不食。故有“一日不作，一日不食”之语流播诸方。

译文

怀海禅师对众人说："有一个人经常不吃饭也不说饿，有一个人整天吃饭也不说饱。"

怀海禅师每当劳动作务时，一定领先做在众僧的前面，主管的人不忍心，悄悄把工具藏起来请他休息。禅师说："我没有什么德行，怎该劳烦他人呢？"在到处找工具找不到以后，也就不吃饭。因此有"一天不劳动，一天就不吃饭"的话传遍四面八方。

池州南泉普愿禅师

原典

池州[①]南泉[②]普愿禅师，郑州新郑[③]人。姓王。依大隗山大慧禅师[④]受业[⑤]，嵩岳受具。初习相部[⑥]及毗尼。既游讲肆[⑦]，历听《楞伽》《华严》，入《中》《百》《门观》[⑧]，精练玄义[⑨]。后扣大寂[⑩]之室，顿然忘筌，得游戏三昧[⑪]。

一日为众僧行粥次，马祖问："桶里是什么？"师曰："这老汉合取口，作恁么语！"祖便休。自是同参[⑫]无敢诘问。

注释

① **池州**：州名，唐置，辖地相当于今安徽贵池、青阳、东至等县地。

② **南泉**：南泉院，位于池州。

③ **新郑**：今河南省新郑市。

④ **大慧禅师**：怀让禅师。

⑤ **受业**：从师学习。

⑥ **相部**："相部律宗"是中国佛教律宗的一派。隋唐时法砺创立，因传法中心在相州，故名。相部，指相部之律。

⑦ **讲肆**：讲舍。

⑧ **《中》《百》《门观》**：大乘空宗主要论籍《中论》《百论》《十二门论》。

⑨ **玄义**：高妙精深之义。

⑩ **大寂**：马祖道一之谥号。

⑪ **游戏三昧**：游戏，谓自在无碍；三昧，谓正定。自在无碍，而常不失定意，叫游戏三昧。

⑫ **同参**：平辈禅僧互相之间的称谓。

译文

池州南泉院普愿禅师，郑州新郑人。姓王。随大隗山大慧禅师学习，在嵩岳受具足戒。开始时学习相部律及律藏。后来游历各地讲法道场，听过《楞伽经》《华严经》之后，又更深入《中论》《百论》《十二门论》，精通其中玄妙深奥的义理。后来由于参礼马祖，顿时忘记了这些入道的工具，得以达到自在无碍而又不失正定的自由境界。

一天在给众僧盛粥的时候，马祖问："桶里是什么？"禅师说："这老汉闭上嘴，竟说出这样的话！"马祖便不作声了。从此那些同学没有人敢向他问难。

原典

赵州问："道非物外，物外非道。如何是物外道？"师便打。州捉住棒云："已后莫错打人！"师曰："龙蛇易辨，衲子[①]难瞒。"

注释

① **衲子：**对参禅僧的称呼。衲，僧服。

译文

赵州从谂问："道不在物外，物外也没有道。那么什么是物外之道呢？"普愿禅师听完就打。赵州抓住棒子说：“以后不要错打人了！”禅师说：“龙蛇容易分辨，禅僧却难以蒙骗。”

原典

师一日问黄檗：“黄金为世界，白银为壁落，此是什么人居处？”檗曰：“是圣人居处。”师曰：“更有一人居何国土？”檗乃叉手[①]立。师曰：“道不得，何不问王老师[②]？”檗却问：“更有一人居何国土？”师曰：“可惜许[③]。”

注释

① **叉手：**禅林礼法之一。又称拱手。原为我国俗礼，后为禅门所采用。

② **王老师：**南泉自指。师俗姓王，故称。

③ **许：**语气助词。

译文

普愿禅师有一天问黄檗希运：“用黄金做世界，用白银做围墙，这是什么人的住处？”黄檗说：“是圣人的住处。”禅师说：“另外有一个人居住在什么国土？”黄檗拱手站立。禅师说：“说不出来，为什么不问问王老师？”黄檗便问：“还有一个人居住在什么国土？”禅师说：“可惜啊！”

原典

师问黄檗：“定慧等学，明见佛性，此理如何？”檗曰：“十二时中，不依倚一物。”师曰：“莫是长老①见处么？”檗曰：“不敢。”师曰：“浆水钱②且置，草鞋钱③教阿谁还？”

注释

① **长老：**对腊（指出家岁数）德高僧人的尊称。有时也专门用以表示对住持的尊称。

② **浆水钱：**饭费。

③ **草鞋钱：**行脚参学的时间和费用。

译文

禅师问黄檗：“定慧平等之学，明了认识佛性，这道理是什么？”黄檗说：“十二个时辰当中，都不依靠任何东西。”禅师说：“这不是长老自己的见解吗？”黄檗说：“不敢。”禅师说：“茶饭钱暂且不说了，你的草鞋钱叫谁来偿还？”

原典

师与归宗[1]、麻谷[2]同去参礼南阳国师，师于路上画一圆相，曰："道得即去。"宗便于圆相中坐，谷便作女人拜。师曰："恁么则不去也。"宗曰："是什么心行？"师乃相唤便回，更不去礼国师。

注释

① **归宗：** 智常。

② **麻谷：** 宝彻之号。

译文

普愿禅师同归宗智常、麻谷宝彻一同去参礼南阳国师，禅师在路上画了一个圆圈，说："说得出就去。"归宗便在圆圈中坐下，麻谷便装作女人样子下拜。禅师说："那么就不去了。"归宗说："是什么心理行为？"禅师于是招呼他们回去，再也不去参礼慧忠国师了。

原典

师因东西两堂争猫儿，师遇之，白众曰："道得即救取猫儿，道不得即斩却也。"众无对，师便斩之。赵州自外归，师举前语示之，州脱履安头上而出。师曰："子若在，即救得猫儿也。"

译文

普愿禅师因东西两堂的僧人争一只猫，正好遇上，就对众人说："说得出就救了这只猫，说不出就杀掉它。"大家没话对答，禅师便把猫杀了。赵州从谂从外面回来，禅师把上面的事说给他听，赵州就脱下鞋子放在头上走了出去。禅师说："当时你要是在场，便救了猫。"

杭州盐官海昌院齐安国师

原典

僧问大梅[①]："如何是西来意？"大梅曰："西来无意。"师闻乃曰："一个棺材，两个死汉。"

注释

① **大梅**：大梅法常禅师。

译文

僧人问大梅法常："什么是祖师从西来的旨意？"大梅说："祖师从西来并没有什么旨意。"齐安禅师听了就说道："一个棺材，两个死汉。"

庐山归宗智常禅师

原典

大愚[①]一日辞师，师问："甚处去？"愚曰："诸方学五味禅[②]去。"师曰："诸方有五味禅，我这里只有一味禅[③]。"愚便问："如何是一味禅？"师便打。愚忽然大悟云："嗄，我会也。"师云："道！道！"愚拟开口，师又打趁出。愚后到黄檗，举前话。檗上堂曰："马大师出八十四人善知识，问着个个屙漉漉地，只有归宗较些子[④]。"

注释

① **大愚：**归宗智常之法嗣。

② **五味禅：**五种交杂之禅。相对于一味禅而言。即外道禅、凡夫禅、小乘禅、大乘禅、最上乘禅五种。

③ **一味禅**：顿悟顿入之禅。是相对于分阶段的渐进之禅而言。

④ **较些子**：好一些，还算可以。

译文

大愚有一天向智常禅师告辞，禅师问："到什么地方去？"大愚说："到各山寺学五味禅去。"禅师说："各山门有五味禅，我这里却只有一味禅。"大愚就问："什么是一味禅？"禅师听了便打。大愚忽然大为开悟说："嗄，我会了。"禅师说："讲！讲！"大愚刚要开口，禅师又把他打了出去。大愚后来到了黄檗那里，说起这段话。黄檗上堂对大家说："马大师门下出了八十四个有智慧见识的人，被有道者问起来个个尿裤子，只有归宗智常强一些。"

明州大梅山法常禅师

原典

夹山①与定山②同行，言话次，定山曰："生死中无佛，即无生死。"夹山曰："生死中有佛，即不迷生死。"互相不肯，同上山见师。夹山便举，问："未审二人见处，那个较亲？”师曰：“一亲一疏。”夹山复问：“那个亲？”师曰：“且去，明日来。”夹山明日再上问，师曰：“亲者不问，问者不亲。”

注释

① **夹山：** 夹山（今湖南石头县一带）大同院开创者善会禅师。

② **定山：** 神英禅师。

译文

夹山善会与定山神英同行，说话间，定山说：“生死中没有佛，就没有生死。”夹山说：“生死当中有佛，就不迷惑于生死。”两人都说对方不对，一同上山来见法常禅师。夹山举出上面的话题，问道：“不知道我们两个人的见解，哪个比较接近？”禅师说：“一个近一个远。”夹山又问：“哪个接近？”禅师说：“你们先下去吧，明天来再说。”夹山第二天又上前问，禅师说：“近者不问，问者不近。”

幽州盘山宝积禅师

原典

幽州[1]宝积禅师，因于市肆行，见一客人买猪肉，语屠家曰："精底割一斤来。"屠家放下刀，叉手曰："长史[2]，那个不是精底？"师于此有省。

又一日，出门见人升丧，歌郎[3]振铃云："红轮决定沉西去，未审魂灵往那方？"幕下孝子哭曰："哀！哀！"师身心踊跃，归举似马祖，祖印可[4]之。

注释

① **幽州**：古"九州"之一，辖境历代不同，唐时辖境相当今北京市及所辖通县、房山、大兴和天津武清、河北永清、安次等县地。

② **长史**：本为官职名，此处用作对人的敬称。

③ **歌郎**：举办丧事时被雇请为人唱丧歌者。

④ **印可**：佛教称印证、许可为印可，犹言同意。

译文

幽州宝积禅师，在市场上走，看见一个客人买猪肉，对屠夫说："把精的割一斤来。"屠夫放下刀，拱手说道："长史，您看哪个不是精的？"禅师因此有所省悟。

又有一天，出门看见人家送丧，歌郎晃动着铃铛唱道："一轮红日已决定向西沉去，不知魂灵前往何方？"帷幕下的孝子哭道："哀！哀！"禅师身心震动很大，回到寺中学给马祖听，马祖肯定了他的想法。

湖南东寺如会禅师

原典

东寺如会禅师，常患门徒诵大寂"即心即佛"之谈不已，谓："佛于何住，而曰'即心'？心如画师，而云'即佛'？"遂示众曰："心不是佛，智不是道。剑去远矣，尔方刻舟。"

译文

东寺如会禅师总是忧虑门徒们念诵马祖的"心就是佛"的话没完没了，说："佛到底住在哪里，却说'就是心'？心像画师，却说'就是佛'？"于是指示大家说："心不是佛，智慧不是道。剑离开已经很远了，你才去刻舟。"

抚州石巩慧藏禅师

原典

抚州[①]石巩慧藏禅师，本以弋猎为务，恶见沙门。因逐鹿从马祖庵前过，祖乃逆之。师遂问："还见鹿过否？"祖曰："汝是何人？"曰："猎者。"祖曰："汝解射否？"曰："解射。"祖曰："汝一箭射几个？"曰："一箭射一个。"祖曰："汝不解射。"

曰："和尚解射否？"祖曰："解射。"曰："一箭射几个？"祖曰："一箭射一群。"曰："彼此生命，何用射他一群？"祖曰："汝既知如是，何不自射？"曰："若教某甲自射，直是无下手处。"祖曰："这汉旷劫无明[②]烦恼，今日顿息。"师掷下弓，投祖出家。

注释

① **抚州：** 今江西省抚州市。

② **无明：** 梵文 Avidyā 的意译，即痴。意思是说暗钝之心没有观察了解诸法事理之明。

译文

抚州石巩慧藏禅师，本来以打猎为生，讨厌见到和尚。有一天追鹿从马祖庵前过，马祖就迎了上去。禅师便问："见到一只鹿从这里跑过去吗？"马祖说："你是什么人？"回答说："猎人。"马祖说："你懂得射箭吗？"回答说："懂得射箭。"马祖问："你一箭射几个？"回答说："一箭射一个。"马祖说："你还不懂得射箭。"

慧藏问："您懂得射箭吗？"马祖说："懂得射箭。"慧藏问："一箭射几个？"马祖说："一箭射一群。"慧藏说："彼此都是生命，何必射他一群？"马祖说："你既然这样想，为什么不自己射自己呢？"慧藏说："你叫我自己射自己，我只觉得没有下手之处。"马祖说："这个汉子几世的痴钝烦恼，今天一下子消失了。"慧藏禅师扔下弓箭，投靠马祖出了家。

潭州三角山总印禅师

原典

僧问："如何是三宝[①]？"师曰："禾、麦、豆。"曰："学人不会。"师曰："大众欣然奉持。"

注释

① **三宝：**佛教称佛、法、僧为三宝。

译文

僧人问："什么是三宝？"总印禅师说："禾、麦、豆。"僧人说："学生不懂。"禅师说："大家都欣然地奉行保持。"

信州鹅湖大义禅师

原典

信州[①]鹅湖[②]大义禅师，唐宪宗[③]诏入麟德殿论义。有法师问："如何是四谛[④]？"师曰："圣上一帝，三帝何在？"法师无语。

又问："欲界[⑤]无禅，禅居色界[⑥]，此土凭何而立禅？"师曰："法师只知欲界无禅，不知禅界无欲。"曰："如何是禅？"师以手点空，法师又无对。帝曰："法师讲无穷经论，只这一点尚不奈何。"

注释

① **信州**：今江西上饶。

② **鹅湖**：在信州城南百里。原名荷湖山，晋代改为今名。大义禅师于此开山。

③ **唐宪宗**：名李纯，公元八〇五—八二〇年在位。

④ **四谛**：梵文 Catur-satya 的意译。也叫四圣谛，即苦谛、集谛、灭谛、道谛。

⑤ **欲界**：三界之一，为具有饮食、淫欲的众生所居。

⑥ **色界**：三界之一，为已离食欲、淫欲的众生所居。

译文

信州鹅湖大义禅师，被唐宪宗下诏召进麟德殿讨论义理。有个法师问："什么是四谛？"禅师说："圣上只是一位皇帝，其他三帝在什么地方？"法师无言以对。

又问："欲界没有禅，禅居于色界，这个世上凭什么立禅呢？"禅师说："法师你只知道欲界没有禅，却不知道禅界没有欲望。"法师说："什么是禅？"禅师用手指点天空，法师又没法回答。宪宗皇帝说："法师能讲无穷的经论，只在这一点上还无可奈何。"

京兆兴善惟宽禅师

原典

京兆兴善①惟宽禅师，僧问："狗子还有佛性否？"师曰："有。"曰："和尚还有否？"师曰："我无。"曰："一切众生皆有佛性，和尚因何独无？"师曰："我非一切众生。"曰："既非众生，莫是佛否？"师曰："不是佛。"曰："究竟是何物？"师曰："亦不是物。"曰："可见可思否？"师曰："思之不及，议之不得，故曰不可思议。"

注释

① **兴善：** 寺名，又称大兴善寺，位于陕西省西安市南二点五公里处。

译文

京兆兴善惟宽禅师，有僧人问他："狗有没有佛性？"禅师说："有。"僧人说："和尚有没有？"禅师说："我没有。"僧人说："一切众生都有佛性，和尚您为什么唯独没有呢？"禅师说："我不是一切众生。"僧人说："既然不是众生，莫非是佛吗？"禅师说："不是佛。"僧人说："究竟是什么东西？"禅师说："也不是东西。"僧人说："可以看到可以思想吗？"禅师说："思想不能到达，议论不可认识，所以叫作不可思议。"

五台山隐峰禅师

原典

石头刬草次，师在左侧叉手而立。头飞刬子向师前刬一株草，师曰："和尚只刬得这个，不刬得那个。"头提起刬子，师接得，便作刬草势。头曰："汝只刬得那个，不解刬得这个。"师无对。

师推车次，马祖展脚在路上坐。师曰："请师收足。"祖曰："已展不缩。"师曰："已进不退。"乃推车碾损祖脚。祖归法堂执斧子曰："适来碾损老僧脚底出来！"师便出于祖前引颈，祖乃置斧。

译文

石头希迁正在铲草，隐峰禅师在左边拱手站立。石头飞起铲子直向禅师前面的一株草，禅师说："您只铲了这个，没有铲那个。"石头拿起铲子，禅师接过来，便作铲草的样子。石头说：“你只铲掉那个，却不懂得铲掉这个。”禅师没法回答。

禅师推车时，马祖伸着脚在路上坐着。禅师说：“请师父收起脚。”马祖说：“已经伸出去了就不再缩回来。”禅师说：“已经前进就不再后退。”便推车过去碾伤了马祖的脚。马祖回到法堂拿着斧子说：“刚才碾伤老僧脚的人出来！”禅师便出来站到马祖面前伸着脖子，马祖便放下斧子。

澧州药山惟俨禅师

原典

澧州药山[①]惟俨禅师，绛州[②]韩氏子。年十七出家，纳戒衡岳，博通经论，严持戒律。一日，叹曰：“大丈夫当离法自净[③]，谁能屑屑事细行于布巾耶？”

首造石头之室，便问：“三乘十二分教[④]，某甲粗知。尝闻南方直指人心，见性成佛，实未明了，伏望和尚慈悲指示！”头曰：“恁么也不得，不恁么也不得，恁么不恁么总不得，子作么生？”师罔措。头曰：“子因缘不在此，且往马大师处去。”

师禀命恭礼马祖，仍伸前问。祖曰：“我有时教伊扬眉瞬目[⑤]，有时不教伊扬眉瞬目；有时扬眉瞬目者是，有时扬眉瞬目者不是，子作么生？”师于言下契悟，便礼拜。祖曰：“你见什么道理便礼拜？”师曰：“某甲在石头处如蚊子上铁牛[⑥]。”祖曰：“汝既如是，善自护持。”

注释

① **药山：**在今湖南澧县一带。

② **绛州：**今山西新绛一带。

③ **自净：**“三自”之一，即修禅以求得正念、正定。

④ **十二分教：**亦称十二部经，佛经体例上的十二种类别。

⑤ **扬眉瞬目：**又叫瞬目扬眉，迅速思虑之意。

⑥ **蚊子上铁牛：**蚊子停在铁牛身上，无处可以下嘴，比喻禅旨无法用语言表达，无法通过语言去领会。

译文

澧州药山惟俨禅师，绛州韩氏之子。十七岁时出家，在衡岳受戒，博通经论，严格持守戒律。一天，忽然感叹道：“男子汉大丈夫应当离开法修禅以明心见性，谁能琐碎地做这些细小得像祭祀一样的事情呢？”

于是首先拜见石头希迁，问："三乘十二分教，我已经大致知道了。我听南方流行着直指人心，见到自我心中本性即可成佛的说法，希望和尚您大发慈悲给指示一二！"石头说："那么也不行，不那么也不行，那么不那么都不行，你怎么办？"禅师不知如何对答。石头说："你的缘份不在这里，暂且去马大师那里吧。"

禅师领命去参礼马祖，仍旧问原来的问题。马祖说："我有时叫他扬眉瞬目，有时不叫他扬眉瞬目；有时扬眉瞬目是对的，有时扬眉瞬目又不对，你怎么办？"禅师听了以后当即开悟，便施礼拜谢。马祖说："你见到什么道理，礼拜我呢？"禅师答："我在石头那里就像蚊子叮上了铁牛。"马祖说："你既然这样，要好好加以护持。"

邓州丹霞天然禅师

原典

邓州[①]丹霞[②]天然禅师，本习儒业，将入长安应举。方宿于逆旅[③]，忽梦白光满室。占者[④]曰："解空[⑤]之祥也。"偶禅者问曰："仁者何往？"曰："选官去。"禅者曰："选官何如选佛？"曰："选佛当往何所？"禅者曰："今江西马大师出世[⑥]，是选佛之场，仁者可往。"

遂直造江西。才见祖师，以手拓幞头[⑦]额，祖顾视良久曰："南岳石头是汝师也。"遽抵石头，还以前意投之。头曰："着槽厂去。"师礼谢，入行者房，随次执爨役，凡三年。忽一日石头告众曰："来日刬佛殿前草！"至来日，大众诸童行各备锹钁刬草，独师以盆盛水沐头，于石头前胡跪[⑧]。头见而笑之，便与剃发。又为说戒，师乃掩耳而出。

再往江西，谒马祖。未参礼，便入僧堂内，骑圣僧[⑨]颈而坐。时大众惊愕，遽报马祖。祖躬入堂视之，曰："我子天然。"师即下地礼拜曰："谢师赐法号。"因名天然。祖问："从甚处来？"师曰："石头。"祖曰："石头路滑，还跶倒汝么？"师曰："若跶倒即不来也。"乃杖锡观方。

注释

① **邓州：** 今河南邓州市一带。

② **丹霞：** 山名，位于邓州。唐贞元（公元七八五—八〇五年）天然开山。初名广济禅院，后名寺。

③ **逆旅：** 客舍。逆，迎；迎止宾客之处。

④ **占者：** 占卜之人。

⑤ **解空：**悟解万物皆空的道理。

⑥ **出世：**本指如来出现于世，后也用以指得道高僧住持寺院。

⑦ **幞头：**古代一种头巾。

⑧ **胡跪：**西域僧人跪坐之法，其中又分左跪、互跪、长跪等。

⑨ **圣僧：**又作上僧。原指开悟且德高望重之僧，后转指于斋堂上座所安置之圣僧像而言。一般小乘寺院安置宾头卢，大乘寺院则安置文殊。于禅堂，僧堂中央或安置文殊菩萨，或安置观音菩萨、宾头卢、憍陈如、空生、大迦叶，或布袋和尚之像。

译文

邓州丹霞天然禅师，原本学习儒家的学业，正要到长安去参加科举考试。刚住在旅店里，忽然梦见白光充满居室。占卜的人说："这是悟解万物皆空的征兆啊！"遇到一位学禅的人问他："您到什么地方去？"天然说："选官去。"学禅的人说："选官怎么比得上选佛？"天然说："选佛应该去什么地方？"学禅的人说："现在江西马大师出世，那里是选佛的场所，您可以去那里。"

天然于是直接到了江西。刚一见到马祖大师，就用手拍着幞头帽子的前部，马祖看了他半天说："南岳石头是你的师父。"天然又立刻到了石头那里，仍然以见马祖的动作参见石头。石头说："到槽厂去吧。"天然禅师行礼感谢，进入行者的寮房，随着别人做炊事劳，一共做了三年。忽然有一天石头告诉众人说："明天要割佛殿前的草。"第二天，大众和童子们各自准备铁锹镬头割草，唯独禅师用盆盛上水洗好头发，跪在石头面前。石头看见后笑了，就给他剃了发。又给他解说戒法，禅师便捂着耳朵出去了。

又前往江西，谒见马祖。还没有参礼，就进入僧堂里，骑在圣僧像的脖子上坐着。当时大家都非常惊愕，立即报告马祖。马祖亲自到僧堂来看，说："我子天然。"禅师当即下地礼拜说："感谢师父赐给我法号。"因此名叫天然。马祖问："从什么地方来？"禅师说："石头。"马祖说："石头路滑，没摔着你吗？"禅师说："要是摔倒的话就不来了。"于是拄着锡杖四处游方。

原典

过慧林寺，遇天大寒，取木佛烧火向，院主[①]诃曰："何得烧我木佛！"师以杖子拨灰曰："吾烧取舍利。”主曰：“木佛何有舍利？”师曰：“既无舍利，更取两尊烧。”主自后眉须堕落②。

注释

① **院主：**又叫寺主、监寺，即寺院之主。

② **眉须堕落：**以眉毛胡须掉落，比喻意念错误而受到惩罚。

译文

访问慧林寺，正遇上大冷天，天然禅师就拿木佛来烧火烤，院主呵道：“怎么能烧我的木佛！”禅师用拄杖拨灰说：“吾正烧取舍利。”院主说：“木佛哪有什么舍利？”禅师说：“既然没有舍利，再拿两尊来烧。”院主从此以后眉毛胡须都掉了。

10　六祖下第四世

洪州黄檗希运禅师

原典

丈[①]一日问师：“什么处去来？”曰：“大雄山下采菌子来。”丈曰：“还见大虫么？”师便作虎声。丈拈斧作斫势，师即打丈一掴，丈吟吟而笑便归。上堂曰：“大雄山下有一大虫，汝等诸人也须好看[②]，百丈老汉今日亲遭一口。”

注释

① **丈：** 指百丈怀海禅师。

② **好看：** 留心、注意。

译文

百丈有一天问希运禅师：“你从什么地方来的？”禅师说：“去大雄山下采菌子来的。”百丈说：“看到老虎了吗？”禅师便发出虎的叫声。百丈拿起斧子作出砍的架势，禅师打了百丈一个耳光，百丈笑吟吟地回去了。百丈上堂时说：“大雄山下有一只老虎，你们这些人也要小心，百丈老汉今天亲自被它咬了一口。”

原典

师因有六人新到，五人作礼，中一人提起坐具作一圆相。师曰：“我闻有一只猎犬甚恶。”僧曰：“寻羚羊声来。”师曰：“羚羊无声到汝寻。”曰：“寻羚羊迹来。”师曰：“羚羊无迹到汝寻。”曰：“寻羚羊踪来。”师曰：“羚羊无踪到汝寻。”曰：“与么则死羚羊也。”师便休去。

明日升堂曰：“昨日寻羚羊僧出来！”僧便出。师曰：“昨日公案[①]未了，老僧休去，你作么生？”僧无语。师曰：“将谓是本色衲僧，元来只是义学[②]沙门。”便打趁出。

注释

① **公案**：原指官府判决是非的案例，禅宗借为前辈祖师的言行范例，用来判断是非迷悟。

② **义学**：佛家称俱舍、唯识、法相等宗的学问为义学。

译文

有六个新来的人，其中五个人行礼，一个人拿起座具画了一个圆圈。希运禅师说："我听说有一只猎狗非常凶恶。"那个僧人说："来寻找羚羊的叫声。"禅师说："羚羊没有叫声让你寻找。"僧人说："来寻找羚羊的足迹。"禅师说："羚羊没有足迹让你寻找。"僧人说："来寻找羚羊的踪影。"禅师说："羚羊没有踪影让你寻找。"僧人说："这样的话就是死羚羊了！"禅师便休息去了。

第二天禅师上堂说："昨天寻找羚羊的僧人出来！"僧人便站了出来。禅师说："昨天的公案还没了结，老僧休息去了，你怎么办？"僧人没法回答。禅师说："本以为你是在行的禅僧，原来只是死守义理之学的沙门。"便责打赶了出去。

原典

师一日捏拳曰："天下老和尚总在这里，我若放一线道，从汝七纵八横[①]。若不放过，不消一捏。"僧问："放一线道时如何？"师曰："七纵八横。"曰："不放过不消一捏时如何？"师曰："普。"

注释

① **七纵八横：**领会透彻，通畅无碍。

译文

希运禅师有一天捏着拳头说："天下的老和尚都在这里，我要是放一线出路，就随你们七纵八横。如果不放过，不消我这么一捏。"有僧人问："放一线出路时怎么样？"禅师说："七纵八横。"僧人问："不放过不消一捏时怎么样？"禅师说："普。"

原典

师上堂，大众才集，师拈拄杖一时打散。复召大众，众回首，师曰："月似弯弓，少雨多风。"问："如何是西来意？"师便打。

示裴公美[①]曰："诸佛与一切众生唯是一心，更无别法。此心无始[②]已来，不曾生，不曾灭，不青不黄，无形无相，不属有无，不计新旧，非长非短，非大非小，超过一切限量名言踪迹对待，当体便是，动念即乖，犹如虚空，无有边际，不可测度，唯此一心即是佛。

"佛与众生更无别异，但是众生着相外求，求之转失，使佛觅佛，将心捉心，穷劫[③]尽形终不能得。不知息念忘虑，佛自现前，此心即是佛，佛即是众生。为众生时，此心不减；为诸佛时，此心不添；乃至六度[④]万行，河沙功德，本自具足，不假修添，遇缘即施，缘息即寂。若不决定信此是佛，而欲着相修行，以求功用，皆是妄想，与道相乖。"

注释

① **裴公美：** 晚唐宰相裴休，字公美，家世代奉佛，到他这里，更加笃信。

② **无始：** 佛教认为一切世间像众生、像佛法，都没有开头，没有原始。

③ **穷劫：** 穷尽久远的时间，指永远。

④ **六度：** 亦称六波罗蜜、六度无极。梵文 Ṣaṭ-pāramitā 的意译。谓六种从生死此岸到达涅槃彼岸的

方法或途径。包括布施、持戒、忍辱、精进、禅定、智慧。

译文

希运禅师上堂，大家刚到齐，禅师拿着拄杖一挥，把众人都给打散了。却又招呼大家，大家回头，禅师说：“月亮好似弯弓，必定少雨多风。”僧人问：“什么是祖师从西来的旨意？”禅师便打。

希运禅师对裴休说：“诸佛与一切众生只是一个心，再没有其他什么法。此心自从原始以来，不曾出生，不曾毁灭，不是青色不是黄色，没有形状没有表相，无所谓有也无所谓无，无所谓新也无所谓旧，不是长的也不是短的，不是大的也不是小的，超越于一切限度数量概念语言踪迹来对待，本身就是，一动意念就错，好像空旷的天空，没有边际，不可测量，只此一心就是佛。

“佛与众生并没有其他差别，只是众生执着于色相去寻求，寻求反而失去，让佛去找佛，让心去捉心，这是永远也得不到的。不知道屏息意念忘掉思虑，佛自然就出现在眼前，此心就是佛，佛就是众生。作为众生时，此心没有减少；作为诸佛时，此心也没有增加；乃至所有的到达涅槃彼岸的方法和修行方式，无数的功德，本来都充足圆备，不须修行增添，遇上因缘就行动，因缘息灭就静寂。要是不坚定地相信此心是佛，而要拘泥于物相去修行，以寻求功德应用，都是妄想，与大道相违背。”

原典

问："如何得不落阶级？"师云："终日吃饭未曾咬着一粒米，终日行未曾踏着一片地，与么时无人我[①]等相，终日不离一切事，不被诸境惑，方名自在人。更时时念念[②]不见一切相，莫认前后三际[③]，前际无去，今际无住，后际无来，安然端坐，任运不拘，方名解脱。努力！努力！此门中千人万人，只得三个五个，若不将为事，受殃有日在！故云：着力今生须了却，谁能累劫受余殃！"

注释

① **人我**：佛教认为“人”本来没有真实性实体。而世俗之人由于不懂佛理，错认有实在之我体，并由此产生关于“我”的观念。

② **念**：一刹那。

③ **三际**：犹言三世。前际即为过去，后际即为未来，中际即为现在之世。

译文

僧人问：“怎样才能不陷落在各各分别妄念上？”希运禅师说：“整天吃饭没有咬着一粒米，整天行走没有踩着一片土地，这个时候就没有了人我实有的相状，整天不离开一切事情，不被各种境象所迷惑，才叫作自在人。更要时时刻刻不见一切物相，也别辨认前后三际，前际没有过去，今际无所谓停留，后际无所谓到来，安然端坐，任其自然没有拘束，这才叫解脱。努力！努力！此宗门中成千上万的人，只有三个五个，如果不当回事，受罪的时候有着呢！所以说：努力今生就得到解脱，有谁愿意多少辈子都在受苦遭殃！”

福州长庆大安禅师

原典

福州长庆大安禅师，造百丈，礼而问曰：“学人欲求识佛，何者即是？”丈曰：“大似骑牛觅牛。”师曰：“识得后如何？”丈曰：“如人骑牛至家。”师曰：“未审始终如何保任？”丈曰：“如牧牛人执杖视之，不令犯人苗稼。”师自兹领旨，更不驰求。

同参祐禅师①创居沩山②，师躬耕助道。祐归寂，众请主法。上堂："汝诸人总来就安求觅什么？若欲作佛，汝自是佛。担佛傍家走，如渴鹿趁阳焰[3]相似，何时得相应[4]去？汝欲作佛，但无许多颠倒攀缘[5]妄想恶觉[6]垢欲不净，众生之心，便是初心、正觉、佛，更向何处别讨？所以安在沩山三十年来，吃沩山饭，屙沩山矢，不学沩山禅。只看一头水牯牛，若落路入草，便把鼻孔拽转来；才犯人苗稼，即便鞭挞调伏。既久可怜[7]生，受人言语，如今变作个露地白牛[8]，常在面前，终日露迥迥地，趁亦不去。"

注释

① **祐禅师：** 灵祐禅师。

② **沩山：** 大沩山，在今湖南长沙一带。有同庆寺，为灵祐禅师所居。

③ **渴鹿趁阳焰：**《楞伽经》卷二说，一群极渴的鹿，看到阳光中浮动的尘埃，以为是水波翻动，就奔驰追逐，企图饮水解渴。比喻把假相当成事实，徒劳妄为，无法达到目的。

④ **相应：** 契合之意。

⑤ "攀缘"，原为"攀绿"。《续藏经》中已将"绿"改作"缘"。

⑥ **恶觉：**恶的思想。

⑦ **可怜：**可重可贵。

⑧ **露地白牛：**《法华经·譬喻品》所说的，立于门外露地之大白牛车，譬喻大乘佛法。此处也是借以比喻佛法。

译文

福州长庆大安禅师，造访百丈禅师，行礼后问道：“学生想求得认识佛法，怎么做才对呢？”百丈说：“很像骑牛找牛。”禅师说：“认识以后又怎样呢？”百丈说：“就像骑牛回到家里。”禅师说：“不知道从始至终怎样保持？”百丈说：“就像放牛的人拿着棍子看着，不让它毁坏别人的庄稼。”禅师从此领悟佛法，再也不去奔走寻求。

同学灵祐禅师创居沩山，大安禅师亲自耕种资助他开山弘道。灵祐归寂以后，众人请求他来主持法会。上堂对大众说：“你这些人来我这里寻求个什么？如果想做佛，你自己就是佛。扛着佛挨家走，就像渴鹿追赶太阳的火焰一样，什么时候才能契合佛旨？你如果想做佛，只要你们没有那么多颠倒攀缘妄想恶的想法污垢欲望不净，那么众生之心，就是初心、正觉、佛，还向什么地方去寻找？所以我在沩山三十年来，吃沩山饭，屙沩山屎，却不学沩山禅。只看着一头水牯牛，如果下路进入草中，就把鼻子拽转过来；刚去侵犯人家的庄稼，就用鞭子抽打驯服。时间一长就变得可喜了，听人的话，如今变成个露地白牛，常在眼前，整天明晃晃地，赶也赶不走。”

福州古灵神赞禅师

原典

福州古灵神赞禅师，本州大中寺受业，后行脚遇百丈开悟，却回受业。本师问曰："汝离吾在外，得何事业？"曰："并无事业。"遂遣执役。一日因澡身，命师去垢，师乃拊背曰："好所佛堂，而佛不圣。"本师回首视之，师曰："佛虽不圣，且能放光。"

本师又一日在窗下看经，蜂子投窗纸求出。师睹之曰："世界如许广阔不肯出，钻他故纸，驴年[①]去！"遂有偈曰：

空门不肯出，投窗也太痴。
百年钻故纸，何日出头时？

本师置经问曰："汝行脚遇何人？吾前后见汝发言

异常。”师曰：“某甲蒙百丈和尚指个歇处[②]，今欲报慈德耳。”本师于是告众致斋，请师说法。

注释

① **驴年：** 比喻无期，因十二地支中没有驴年。

② **歇处：** 领悟禅旨之所。

译文

福州古灵神赞禅师，开始在本州大中寺中受业学习，后来行脚遇百丈禅师开悟，然后又回到大中寺学习。师父问：“你离开我在外面，学得什么事业回来？”神赞说：“并没有事业。”于是派他去作务。有一天师父洗澡，命他擦背，神赞禅师拍打着师父的后背说：“好一所佛堂，但佛却不神圣。”师父回头看他，禅师说：“佛虽不神圣，但还能放光。”

又有一天师父在窗户下面看佛经，一只蜂子撞窗纸想出去。禅师看到说：“世界这么广阔不肯出去，钻他故纸，驴年才能出去！”于是作偈说：“空敞着门却不肯飞出，扑打窗纸也太愚痴。用一百年去钻旧纸，哪年才有出头之日？”师父放下佛经问道：“你行脚遇到了什么人？我前后几次看你说话异乎寻常。”禅师说：“我承蒙百丈和尚指明开悟门径，如今回来想报答您的恩德。”师父于是告诉大众准备斋席，请禅师说法。

赵州观音从谂禅师

原典

赵州[①]观音院[②]真际从谂禅师，曹州郝乡人也，姓郝氏。童稚于本州扈通院披剃[③]，未纳戒[④]，便抵池阳[⑤]参南泉。值泉偃息[⑥]，而问曰：“近离甚处？”师曰：“瑞像[⑦]。”泉曰：“还见瑞像么？”师曰：“不见瑞像，只见卧如来。”泉便起坐，问：“汝是有主沙弥，无主沙弥？”师曰：“有主沙弥。”泉曰：“那个是你主？”师近前躬身曰：“仲冬严寒，伏惟和尚尊候万福！”泉器之，许其入室。

他日问泉曰：“如何是道？”泉曰：“平常心是道。”师曰：“还可趣向也无？”泉曰：“拟向即乖。”师曰：“不拟争知是道？”泉曰：“道不属知，不属不知。知是妄觉，不知是无记[⑧]，若真达不疑之道，犹如太虚廓然荡豁，岂可强是非耶？”师于言下悟理，乃往嵩岳琉璃坛[⑨]纳戒，仍返南泉。

注释

① **赵州**：今河北赵县一带。

② **观音院**：也称东院。

③ **披剃**：初出家为僧尼叫披剃，意思是剃发披僧衣。

④ **纳戒**：受戒。

⑤ **池阳**：在今安徽省内。

⑥ **偃息**：安卧。

⑦ **瑞像**：指佛像。

⑧ **无记**：梵文 Avyākṛta。三性之一。一切法可分为善、不善、无记等三性。无记即非善非不善者，因其不能记为善或恶，故称无记。或谓无记者因不能招感异熟果（善恶之果报），不能记异熟果，是故称为无记。另外，对质问不作肯定与否定的回答，亦称无记。

⑨ **琉璃坛**：以琉璃宝所筑的戒坛。

译文

赵州观音院真际从谂禅师，曹州郝乡人，姓郝。童年时在本州扈通院剃发，还没受戒，就到池阳去参礼南泉。正赶上南泉躺着休息，南泉就问他："你现在离什么地方最近？"从谂说："佛像。"南泉说："你还看见佛像吗？"从谂禅师说："不见佛像，只看见躺着如来。”南泉便起身坐着，问：“你是有主沙弥，还是没主沙弥？”禅师说：“是有主沙弥。”南泉说：“哪个是你的主？”禅师走近南泉跟前躬身说：“仲冬天气严寒，我来恭问和尚万福！”南泉很器重他，允许他入室。

有一天问南泉说：“什么是道？”南泉说：“平常心就是道。”禅师说：“可以趣向吗？”南泉说：“一考虑趣向就错了。”禅师说：“不考虑怎知是道？”南泉说：“道无所谓知，无所谓不知。知是虚妄幻觉，不知则不可断定，如果真正达到了不疑之道，就像天空一样，空旷开阔，怎么能硬做评论呢？”禅师当即领悟了道理，于是前往嵩山琉璃坛纳戒，然后仍旧去见南泉。

原典

师在井楼上打水次，见南泉过，便抱柱悬却脚，曰：“相救！相救！”南泉上胡梯曰：“一二三四五。”师少顷却去礼谢，曰：“适来谢相救。”

到道吾[①]，才入堂，吾曰：“南泉一只箭来也！”师曰：“看箭！”吾曰：“过也。”师曰：“中。”

注释

① **道吾：**道吾山宗智禅师。

译文

从谂禅师在井楼上打水，看见南泉走过来，就抱着柱子悬起两脚，说："来救我！来救我！"南泉上胡梯说："一二三四五。"禅师不一会儿却去行礼感谢，说："刚才谢谢您救我。"

来到道吾禅师处，一走进法堂，道吾就说："南泉的一只箭来了！"从谂禅师说："看箭！"道吾说："过去了。"禅师说："中了。"

原典

到黄檗，檗见来，便闭方丈门。师乃把火于法堂内，叫曰："救火！救火！"檗开门捉住曰："道！道！"师曰："贼过后张弓。"

僧问师："学人乍入丛林[①]，乞师指示。"师云："吃粥了也未？"云："吃粥了也。"师云："洗钵盂去。"其僧因此大悟。

注释

① **丛林**：指僧众聚居之寺院，尤指禅宗寺院。

译文

来到黄檗处，黄檗看他来了，便关上了方丈的门。禅师就拿着火把来到法堂里，叫道："救火！救火！"黄檗打开门抓住他说："说！说！"禅师说："贼过去后才拉开弓。"

有个僧人问从谂禅师："学生刚入丛林，请师父指示。"禅师说："吃粥了没有？"僧人说："吃粥了。"禅师说："洗钵盂去。"那个僧人因此大为省悟。

原典

师示众云："此事的的[①]，没量大人出这里不得。老僧到沩山，见僧问：'如何是祖师西来意？'山云：'与我过床子来。'若是宗师，须以本分事[②]接人始得。"

时有僧问："如何是祖师西来意？"师曰："庭前柏树子。"曰："和尚莫将境示人。"师曰："我不将境示人。"曰："如何是祖师西来意？"师曰："庭前柏树子。"

注释

① **的的：**明白，昭著。

② **本分事：**身心自然脱落而现眼前之人人本来具有的心性。

译文

从谂禅师指示众人说：“这件事确确实实，没有量大的人不能从这里面出来。老僧曾经到沩山去，看到有僧问：‘什么是祖师从西来这里的旨意？’沩山说：‘给我过床这边来。’如果是一位宗师，一定要以本分事接引学人才行。”

这时有僧人问：“什么是祖师从西来这里传达的主要旨意？”禅师说：“庭院前面的柏树。”僧人说：“您不要用境来指示别人。”禅师说：“我不拿境来指示人。”僧人说：“那么什么是祖师从西来传授的旨意？”禅师说：“庭院前的柏树。”

原典

师一日于雪中倒卧，曰：“相救！相救！”有僧便去身边卧，师便起去。

师问新到：“曾到此间么？”曰：“曾到。”师曰：“吃茶去。”又问僧，僧曰：“不曾到。”师曰：“吃茶去。”后院主问曰：“为什么曾到也云吃茶去，不曾到也云吃茶去？”师召：“院主。”主应诺，师曰：“吃茶去。”

问：“狗子还有佛性也无？”师曰：“无。”曰：“上至诸佛，下至蝼蚁，皆有佛性，狗子为什么却无？”师曰：“为伊有业识[①]在。”又僧问：“狗子还有佛性也无？”师曰：“有。”曰：“既有，为什么入这皮袋里来？”师曰：“知而故犯。”

注释

① **业识：**谓处于生死轮回的有情众生的根本意识。

译文

从谂禅师有一天在雪中卧倒，说：“救我！救我！”有个僧便到他身边趴下，禅师就站起来走了。

从谂问刚来的僧人：“曾经来过这里吗？”僧人说：“曾经来过。”禅师说：“吃茶去。”又问别的僧人，僧说：“没有来过。”禅师说：“吃茶去。”过后院主问道：“为什么来过也叫吃茶去，没来过也叫吃茶去？”禅师招呼：“院主。”院主应诺，禅师说：“吃茶去。”

问：“狗有佛性没有？”禅师说：“没有。”那人说：“上至诸佛，下到蝼蚁，都有佛性，狗为什么没有？”禅师说：“因为它有业识。”又有僧人问：“狗有佛性没有？”禅师说：“有。”僧人说：“既然有，为什么却进入这个皮袋里来？”禅师说：“明知故犯。”

原典

秀才问："佛不违众生所愿，是否？"师曰："是。"曰："某甲欲觅和尚手中拄杖，得否？"师曰："君子不夺人所好。"曰："某甲不是君子。"师曰："我亦不是佛。"

问："和尚姓什么？"曰："常州有。"问："甲子[①]多少？"曰："苏州有。"

注释

① **甲子：** 犹言年纪。

译文

有个秀才问：“佛不违反众生的心愿，是不是？”从谂禅师说：“是。”秀才说：“我想要您手中的拄杖，行不行？”禅师说：“君子不夺别人所爱。”秀才说：“我不是君子。”禅师说：“我也不是佛。”

有人问：“和尚您姓什么？”从谂禅师说：“常州有。”问：“多大年纪？”禅师回答说：“苏州有。”

原典

问："如何是赵州？"曰："东门、西门、南门、北门。"

官人问："和尚还入地狱否？"师曰："老僧末上[①]入。"曰："大善知识为什么入地狱？"师曰："我若不入，阿谁教化汝？"

注释

① **末上：**最后。

译文

有人问："什么是赵州？"从谂禅师说："东门、西门、南门、北门。"

有位官人问："和尚您还进地狱吗？"从谂禅师说："老僧最后进去。"官人说："大智慧有见地的人为什么入地狱呢？"禅师说："我要是不进去，谁来教化你呢？"

原典

师与文远[①]论义曰："斗劣不斗胜，胜者输果子。"

远曰：“请和尚立义。”师曰：“我是一头驴。”远曰：“我是驴胃。”师曰：“我是驴粪。”远曰：“我是粪中虫。”师曰：“你在彼中作什么？”远曰：“我在彼中过夏。”师曰：“把将果子来。”

注释

① **文远：** 从谂的侍者。

译文

从谂禅师与文远辩论说：“咱们斗败不斗胜，胜的人要输果子。”文远说：“请和尚开个头。”禅师说：“我是一头驴。”文远说：“我是驴胃。”禅师说：“我是驴粪。”文远说：“我是粪中的虫子。”禅师说：“你在那里面干什么？”文远说：“我在那里过夏。”禅师说：“把果子拿过来。”

原典

扫地次，僧问：“和尚是大善知识，为什么扫地？”师曰：“尘从外来。”曰：“既是清净伽蓝[1]，为什么有尘？”师曰：“又一点也。”

注释

① **伽蓝：** 全称僧伽蓝、僧伽蓝摩。梵文 Saṃghārāma 的音译。原指修建僧舍的基地，转而为包括土地、建筑物在内寺院的总称。

译文

扫地时，僧人问："和尚您是大善知识，为什么扫地呢？"禅师说："尘土是从外面进来的。"僧人说："既然是清净寺院，为什么有尘土？"禅师说："又是一点。"

原典

尼问："如何是密密意？"师以手掐之。尼曰："和尚犹有这个在？"师曰："却是你有这个在。"

上堂："金佛不度垆，木佛不度火，泥佛不度水，真佛内里坐。菩提涅槃真如佛性，尽是贴体衣服，亦名烦恼。实际理地什么处着？一心不生，万法无咎。汝但究理坐看三二十年，若不会，截取老僧头去。"

问："南泉迁化，向什么处去？"师曰："东家作驴，西家作马。"曰："学人不会，此意如何？"师曰："要骑即骑，要下即下。"

译文

比丘尼问："什么是密密的旨意？"从谂禅师用手掐了他一下。比丘尼说："和尚您还有这个吗？"禅师说："倒是你有这个。"

从谂禅师上堂对大众说："金佛通不过熔炉，木佛通不过火烧，泥佛渡不过水，真佛在里边坐着。菩提涅槃真如佛性，都是贴身衣服，也叫烦恼。真实究竟之境地何处着？一个内心不生意念，那么万事万物都没有过错。你只要静坐参究佛理二三十年，如果还不能领会，就把老僧的头割去。"

僧人问："南泉迁化以后，往什么地方去了？"从谂禅师回答说："东家作驴，西家作马。"僧人说："学生不会，这是什么意思？"禅师说："要骑就骑，要下就下。"

五台山智通禅师

原典

五台山[1]智通禅师，初在归宗会下。忽一夜连叫曰："我大悟也！"众骇之。明日上堂，众集，宗曰："昨夜大悟底僧出来！"师出曰："某甲。"宗曰："汝见什么道理，便言大悟？试说看。"师曰："师姑原是女人做。”宗异之。师便辞去，宗门送与提笠子。师接得笠子，戴头上便行，更不回顾。后居台山法华寺。临终有偈曰：

举手攀南斗，回身倚北辰。
出头天外看，谁是我般人？

注释

① **五台山：**在今山西五台、繁峙二县间，五峦巍然，故名五台。

译文

五台山智通禅师，开始时在归宗门下。忽然有一天夜里接连喊叫：“我大悟了！”大家都很惊奇。第二天上堂，众人到齐后，归宗说：“昨晚大悟的和尚出来！”禅师站出来说：“是我。”归宗说：“你发现什么道理，就说大悟了？说说看。”智通禅师说：“师姑原来是女人做的。”归宗感到他很奇特。禅师便告辞离去，归宗送到门口手提着笠子。禅师接过笠子，戴在头上就走，头也不回。后来居住在五台山法华寺。临终时作了一偈说：“举手攀接南斗，回身倚靠北辰。探出头从天外一看，有谁是像我一样的人？”

潭州沩山灵祐禅师

原典

潭州沩山灵祐禅师，福州长溪[1]赵氏子。年十五出家，依本郡建善寺法常律师剃发，于杭州龙兴寺究大小乘教。二十三，游江西，参百丈。丈一见，许之入室，遂居参学之。首侍立次，丈问："谁？"师曰："某甲。"丈曰："汝拨垆中有火否？"师拨之曰："无火。"丈躬起深拨得少火，举以示之曰："汝道无，这个聻[2]？"师由是发悟。

注释

① **福州长溪**：今福建省霞浦县。

② **聻**：语气助词，相当于"呢"。

译文

潭州沩山灵祐禅师，是福州长溪县赵家之子。十五岁时出家，投奔本郡建善寺法常律师剃发，在杭州龙兴寺参究大小乘教义。二十三岁游江西，参见百丈。百丈一看，就准许他入室，于是定居参学。第一次侍立时，百丈问："是谁？"禅师说："是我。"百丈说："你拨一拨炉子里有没有火？"禅师拨拨炉子说："没有火。"百丈亲自起来向炉子深处拨出少许火，举起来给他看道："你说没有，这是什么？"禅师由此感发开悟。

原典

司马头陀见百丈，谈沩山之胜，宜结集法侣[①]，为大道场。丈因语众曰："若能对众下得一语出格[②]，当与住持。"即指净瓶[③]问曰："不得唤作净瓶，汝唤作什么？"时华林觉为首座，师为典座[④]。林曰："不可唤作木楔[⑤]也。"丈乃问师，师踢倒净瓶，便出去。丈笑曰："第一座输却山子也。"

师遂往焉。是山峭绝，夐无人烟，虎狼纵横，莫敢往来。师拾橡栗充食者五七年。未几，懒安[⑥]上座同数僧从百丈所来辅佐，曰："某与和尚作典座，俟众至五百乃解务。"于是人稍稍集。厥后禅学辐辏[⑦]，风动天下，称沩仰宗焉。

注释

① **法侣：**尊法之徒侣，犹言僧侣。

② **出格：**特殊、破格。

③ **净瓶：** 为比丘常随身携带十八物之一。即盛水之容器。又称水瓶、澡瓶。有净、触二种，净瓶之水，是供饮用。

④ **典座：** 禅林中负责大众斋粥之职称。东序六知事之一。

⑤ **木楆：** 木桩子。

⑥ **懒安：** 大安禅师。由于他喜端坐，无所事事，故被人称为懒安。

⑦ **辐辏：** 车辐凑集于毂上，比喻人或物集聚一处。

译文

司马头陀来见百丈，谈起沩山景致幽胜，应在那里聚集僧侣，开辟一个大道场。百丈于是对众人说："如果谁能够当众出色地回答一句话，就让他去做住持。"就指着净瓶问："不许称作净瓶，你把它叫作什么？"当时华林觉为首座，灵祐禅师为典座。华林觉说："总不能叫它木桩子吧！"百丈于是问灵祐禅师，禅师踢倒净瓶，就出去了。百丈笑着说："首座把山给输了。"

禅师于是前往沩山。这座山山势陡峭，没有人烟，虎狼纵横出没，没有人敢去。禅师拾橡栗充当食物有五七年。又过了不长时间，懒安上座带着几个僧人从百丈那里前来辅佐，懒安说：“我来给您做典座，等众人到了五百就解除这个职务。”于是人慢慢地聚集。打那以后禅学如辐条辏集车毂上，风气震动天下，号称沩仰宗。

原典

师问仰山："《涅槃经》四十卷，多少是佛说，多少是魔[1]说？"仰曰："总是魔说。"师曰："已后无人奈子何！"仰曰："慧寂即一期[2]之事，行履[3]在什么处？"师曰："只贵子眼正，不说子行履。"

注释

① **魔**：梵文Māra音译魔罗的略称。指能扰乱身心、破坏好事、障碍善法者。

② **一期**：人的一生。此处指一时。

③ **行履**：行，进退；履，实践。指日常一切行为，即行住坐卧、语默动静、吃茶吃饭、屙屎送尿。

译文

灵祐禅师问仰山慧寂：“《涅槃经》四十卷，有多少是佛说的，多少是魔说的？”仰山说：“都是魔说的。”

禅师说：“以后没有人能把你怎么样！”仰山说：“我只是一时的事，我的行为进退在什么地方？”禅师说：“只希望你的眼光正，不说你的行为进退怎样。”

原典

师因僧问：“如何是祖师西来意？”师竖起拂子。后僧遇王常侍[①]，侍问：“沩山近日有何言句？”僧举前话。侍云：“彼中兄弟如何商量？”僧云：“借色明心，附物显理。”侍云：“不是这个道理。上座快回去好，某甲敢寄一书到和尚。”

僧得书遂回，持上。师拆开，见画一圆相，内写个“日”字。师云：“谁知千里外有个知音！”仰山侍次，乃云：“虽然如是，也只是个俗汉。”师云：“子又作么生？”仰却画一圆相，于中书“日”字，以脚抹，师乃大笑。

注释

① **常侍：**官职名。

译文

灵祐禅师因僧人问道：“什么是祖师从西来传授的

旨意？”便竖起拂子。后来那个僧人遇到了王常侍，王常侍问：“沩山近来有什么言论教导你们？”僧人便提起了前面这件事。王常侍问：“你那些弟兄怎样讨论的？”僧人说：“借色以表明心迹，附物以显示道理。”王常侍说：“不是这个道理。上座你最好马上回去，我要寄一封信给沩山和尚。”

僧人拿到信就回去了，将信呈上。禅师拆开一看，只见画一个圆圈，中间写了一个“日”字。禅师说：“谁知千里之外有个知音！”仰山在旁边侍立，就说：“虽然这样，也不过是个俗汉。”禅师说：“你又要怎么样？”仰山画了一个圆圈，在中间写了一个“日”字，又用脚抹掉，禅师于是大笑。

原典

石霜[①]会下，有二禅客[②]到，云：“此间无一人会禅。”后普请搬柴，仰山见二禅客歇，将一橛柴问曰：“还道得么？”俱无对。仰曰：“莫道无人会禅好。”仰归举似师曰：“今日二禅客被慧寂勘破。”师曰：“什么处被子勘破？”仰举前话。师曰：“寂子又被吾勘破。”

注释

① **石霜：**指唐代普会大师庆诸（公元八〇七—八八八年）。他栖止石霜山二十年，大扬宗风。石霜山，又称霜华山，位于湖南浏阳县西南四十六公里处。

② **禅客：**在禅宗寺院里应俗人的请求升座说法时，事先选择有口才的人站出来与升座之人进行问答，这样的人被称为禅客。

译文

在石霜山法会下，来了两个禅客，说："这里没有一个人懂禅。"后来集体劳动搬柴，仰山看见两个禅客在休息，就拿起一根木柴问道："说得出来吗？"两个禅客都没法回答。仰山说："还是不要说没有人懂禅为好。"回去后，仰山讲给禅师听，说："今天两个禅客被我验出破绽了。"禅师说："什么地方被你给验出破绽了？"仰山又讲了前面经过。禅师说："你又被我验出破绽了。"

原典

上堂："老僧百年后，向山下作一头水牯牛，左胁下书五字曰‘沩山僧某甲’，当恁么时，唤作沩山僧，又是水牯牛；唤作水牯牛，又是沩山僧，毕竟唤作什么即得？”仰山出礼拜而退。

译文

灵祐禅师上堂说：“老僧百年之后，到山下做一头水牯牛，左胁下写上五个字‘沩山僧灵祐’。到那时，叫作沩山僧，又是水牯牛；叫作水牯牛，又是沩山僧，到底叫什么才好？”仰山站出来礼拜后退下。

潭州云岩昙晟禅师

原典

潭州云岩[①]昙晟禅师，钟陵建昌[②]王氏子。少出家于石门[③]，参百丈海禅师，二十年因缘[④]不契。后造药山，山问：“甚处来？”曰：“百丈来。”山曰：“百丈有何言句示徒？”师曰：“寻常道：‘我有一句子，百味具足。’”山曰：“咸则咸味，淡则淡味，不咸不淡是常味，作么生是百味具足底句？”师无对。山曰：“争奈目前生死何？”师曰：“目前无生死。”山曰：“在百丈多少时？”师曰：“二十年。”山曰：“二十年在百丈，俗气也不除。"

他日，侍立次，山又问："百丈更说什么法？"师曰："有时道：'三句外省去，六句内会取。'"山曰："三千里外，且喜没交涉[⑤]。"山又问："更说什么法？"师曰："有时上堂，大众立定，以拄杖一时趁散。复召大众，众回首，丈曰：'是什么？'"山曰："何不早恁么道？今日因子得见海兄。"师于言下顿省，便礼拜。

注释

① **云岩：** 寺名，位于湖南长沙攸县东南方之云岩。由于昙晟于此开山，故号云岩。

② **建昌：** 今江西省奉新县。

③ **石门：** 寺名。

④ **因缘：** 梵文Hetu-pratyaya的意译。"因"和"缘"的合称，指得以形成事物、引起认识和造就"业报"等现象所依赖的原因和条件。此处有缘分的意思。

⑤ **没交涉：** 多指禅意相差极远，没有共同点。

译文

潭州云岩昙晟禅师，是钟陵建昌王家之子。少年在石门寺出家，去参见百丈怀海禅师，二十年因缘没有契合。后来去造访药山，药山问："从什么地方来？"回答说："从百丈那里来。"药山说："百丈有什么话教导僧徒？"昙晟禅师说："常常说：'我有一个句子，百味具全。'"药山说："咸就是咸味，淡就是淡味，不咸不淡是常味，怎么是百味具全的句子？"禅师无言以对。药山说："对眼前的生死怎么办呢？"禅师说："目前没有生死。"药山问："你在百丈山有多长时间了？"禅师说："二十年。"药山说："在百丈山二十年，连俗气也没有去掉。"

又有一天，禅师站着侍候时，药山又问："百丈还说一些什么法？"禅师说："有时说：'三句外省悟，六句内领会。'"药山说："三千里之外，庆幸没有沾边。"药山又问："还说一些什么法？"禅师说："有时上堂，大家刚刚站稳，就用拄杖一时间都打散了。却又招呼大家，大家一回头，百丈说：'是什么？'"药山说："为什么不早这么说？今天透过你见到了怀海兄。"禅师一听顿时省悟，便施礼感谢。

11　六祖下第五世

福州灵云志勤禅师

原典

福州灵云[①]志勤禅师，本州长溪人也。初在沩山，因见桃花悟道，有偈曰：

三十年来寻剑客[②]，几回落叶又抽枝。
自从一见桃花后，直至如今更不疑。

沩览偈，诘其所悟，与之符契，嘱曰："从缘悟达，永无退失，善自护持。"

注释

① **灵云：**山名，在福州。

② **寻剑客：**喻求道者。

译文

福州灵云志勤禅师，福州长溪县人。开始在沩山，因见到桃花省悟大道，有偈诗说："三十年来一心寻觅宝剑的侠客，一回又一回叶子落了又抽出新枝。自从那次见到盛开的桃花之后，直到如今再也不生迟疑。"沩山看了偈诗以后，问他悟出了什么，给予印证，嘱咐说："从因缘省悟达道，永远不要减退消失，要好好保持。"

原典

长生[①]问："混沌[②]未分时，含生[③]何来？"师曰："如露柱怀胎。"曰："分后如何？"师曰："如片云点太清[④]。"曰："未审太清还受点也无？"师不答。曰："恁么则含生不来也。"师亦不答。曰："直得纯清绝点时如何？"师曰："犹是真常[⑤]流注。"曰："如何是真常流注？"师曰："似镜长明。"曰："向上更有事也无？"师曰：“有。”曰：“如何是向上事[6]？”师曰：“打破镜来，与汝相见。”

注释

① **长生：** 指皎然。他少时出家，后参雪峰义存禅师而得法，出住福州长生山，因以长生为法号。

② **混沌：** 亦作浑沌。古人想象中的世界开辟前的状态。

③ **含生：** 含有生命者。

④ **太清：** 天空。

⑤ **真常：** 谓如来所得之法真实常住。

⑥ **向上事：** 更古远、更奥秘的事。

译文

皎然问：“在世界混沌一片没有分出上下天地时，含有生命的东西是怎么来的？”志勤禅师说：“就像露柱怀胎。”皎然说：“分开以后又怎样？”禅师说：“就像一片云彩点缀在天空。”皎然说：“不知道天空受不受点缀？”禅师不作回答。皎然说：“那样的话含有生命的东西就不来了。”禅师也不作回答。皎然说：“直到纯粹清净绝无一点东西时怎么样？”禅师说：“还是如来所说之法在流注。”皎然说：“什么是如来所说之法在流注？”禅师说：“像镜子长明。”皎然说：“有没有更远更奥秘的事？”禅师说：“有。”皎然说：“什么是更远更奥秘的事？”禅师说：“打破镜子来，再给你看。”

袁州仰山慧寂禅师

原典

师坐次，有僧翘一足云：“西天二十八祖亦如是，唐土六祖亦如是，天下老和尚亦如是，某甲亦如是。”师下禅床，打四藤条。

译文

慧寂禅师正坐着，有一个僧人翘起一只脚说：“西天二十八祖就像这个，唐土六祖也像这个，天下老和尚也像这个，我也像这个。”禅师下禅床，打了他四藤条。

镇州临济义玄禅师

原典

镇州[1]临济[2]义玄禅师，曹州[3]南华邢氏子。幼负出尘之志，及落发进具[4]，便慕禅宗。初在黄檗会中，行业[5]纯一。时睦州[6]为第一座，乃问："上座[7]在此多少时？"师曰："三年。"州曰："曾参问否？"师曰："不曾参问，不知问个什么？"州曰："何不问堂头和尚[8]，如何是佛法的的大意？"

师便去，问声未绝，檗便打。师下来，州曰："问话作么生？"师曰："某甲问声未绝，和尚便打，某甲不会。"州曰："但更去问。"师又问，檗又打。如是三度问，三度被打。师白州曰："早承激劝问法，累蒙和尚赐棒。自恨障[9]缘，不领深旨，今且辞去。"州曰："汝若去，须辞和尚了去。"师礼拜退。州先到黄檗处曰："问话上座虽是后生，却甚奇特。若来辞，方便接伊，已后为一株大树，覆荫天下人去在[10]。"

师来日辞黄檗，檗曰："不须他去，只往高安[11]滩头参大愚，必为汝说。"师到大愚，愚曰："甚处来？"师曰："黄檗来。"愚曰："黄檗有何言句？"师曰："某甲三度问佛法的的大意，三度被打。不知某甲有过无过？”愚曰：“黄檗与么老婆心切[12]，为汝得彻困，更来这里问有过无过。”师于言下大悟，乃曰：“元来黄檗佛法无多子！”愚搊住曰：“这尿床鬼子，适来道有过无过，如今却道黄檗佛法无多子！你见个什么道理？速道！速道！”师于大愚肋下筑三拳，愚拓开曰：“汝师黄檗，非干我事。”

师辞大愚，却回黄檗。檗见便问：“这汉来来去去，有甚了期[13]！”师曰：“只为老婆心切，便人事了。”侍立。檗问：“甚处去来？”师曰：“昨蒙和尚慈旨，令参大愚去来。”檗曰：“大愚有何言句？”师举前话。檗曰：“大愚老汉饶舌，待来痛与一顿！”师曰：“说甚待来，即今便打！”随后便掌。檗曰：“这风颠汉，来这里捋虎须！”师便喝。檗唤侍者曰：“引这风颠汉参堂[14]去。”

注释

① **镇州：**唐元和十五年（公元八二〇年）置。治所在今河北省正定县。

② **临济：**寺名，位于河北正定。原称临济院。创建于东魏孝静帝兴和二年（公元五四〇年）。唐宣宗大中年间（公元八四七——八五九年）义玄禅师住此，大振禅风，故以临济为法号。据《镇州临济慧照禅师语录》载，本寺位于镇州城东南隅，临滹沱河侧，遂得

"临济"之名。

③ **曹州：** 今山东曹县一带。

④ **进具：** 年满二十，由沙弥进而受比丘具足戒，叫进具。

⑤ **行业：** 身、口、意之所作，叫行业。

⑥ **睦州：** 陈尊宿。因居睦州龙兴寺，而号睦州。

⑦ **上座：** 禅寺中地位较高的人，在参禅僧中居于上座。也常用作对僧人的敬称。

⑧ **堂头和尚：** 对寺院住持的尊称，这里指黄檗希运禅师。

⑨ **障：** 烦恼的异名。因为烦恼能障碍圣道，所以叫作障。

⑩ **去在：** 语尾助词，多表示将要发生。

⑪ **高安：** 县名。在江西省西北部、赣江支流锦江中游。

⑫ **老婆心切：** 指苦口婆心，急切引导学人，使其开悟。

⑬ **了期：** 完了的时候。

⑭ **参堂：** 禅林用语。禅林中，沙弥新加入为僧堂之一员，称为参堂。

译文

镇州临济义玄禅师，是曹州南华邢氏之子。从小就怀有出家之志，等到剃发受具足戒，就仰慕禅宗。最初在黄檗法会之中，行为纯正始终如一。当时睦州陈尊宿为首座，就问："上座在这里有多长时间了？"义玄禅师说："三年。"睦州说："曾经参问过吗？"禅师说："没有参问过，不知问个什么？"睦州说："为什么不问堂头和尚，什么是佛法大略的旨意？"

禅师便去问，问声还没落，黄檗就打。禅师回来后，睦州问："问话怎么样？"禅师说："我问声还没落，和尚就打，我不明白。"睦州说："只管再去问。"禅师又去问，黄檗又打。像这样三次去问，三次被打。禅师对睦州说："幸好承蒙您的鼓励要我去问法，却累次承蒙和尚赏我棍棒。我只恨自己机缘隔障，不领会深义，现在我暂且告辞离开这里。"睦州说："你要走，也要辞别和尚再走。"禅师礼拜退下。睦州先到了黄檗那里说："问话的上座虽然还年轻，却很奇特。如果他来向您辞别，请适当地接待指引他，日后成为大树，荫凉将覆盖天下的人。"

禅师第二天向黄檗告辞，黄檗说："不要到别处去，你只管前往高安滩头去参见大愚，他肯定会给你讲说。"禅师来到大愚处，大愚问："从什么地方来？"禅师说："从黄檗那里来。"大愚说："黄檗都说了一些什么？"禅师说："我三次问佛法确实的大意是什么，结果三次被打。不知道我是有错还是没错？"大愚说：

“黄檗这样婆婆妈妈的都是为了使你解除困惑，你却来这里问有错没错。”禅师听后顿时大为省悟，便说：“原来黄檗的佛法也没有多少啊！”大愚揪住他说：“这个尿床鬼子，刚才还说有错没错，现在却说黄檗的佛法没有多少，你看出什么道理了？快说！快说！”禅师朝大愚的肋下打了三拳，大愚推开说：“你的师父是黄檗，不关我的事。”

禅师告别了大愚，又回到黄檗这里。黄檗见了他就问：“这个汉子来来去去，有什么完了的时候！”禅师说：“只是为了婆婆妈妈，方便别人了结开悟大事。”说完就站着侍候。黄檗问：“什么地方去来的？”禅师说：“昨天承蒙和尚慈悲之意，使我去参问大愚来的。”黄檗说：“大愚都说了一些什么？”禅师便讲了前面的事。黄檗说：“大愚老汉多嘴，等他来了我要痛揍他一顿！”禅师说：“还说什么等他来，马上就打！”随后就出掌。黄檗说：“这个疯癫汉子，来这里捋老虎胡子！”禅师便喝。黄檗喊侍者说：“拉这个疯癫汉子参堂去！”

原典

师在僧堂里睡，檗入堂见，以拄杖打板头一下。师举首见是檗，却又睡。檗又打板头一下，却往上间，见首座坐禅，乃曰：“下间后生却坐禅，汝在这里妄想作么？”座曰：“这老汉作什么？”檗又打板头一下，便出去。

师栽松次，檗曰：“深山里栽许多松作什么？”师曰：“一与山门[①]作境致[②]，二与后人作标榜[③]。”道了，将钁头斫地三下。檗曰：“虽然如是，子已吃吾三十棒了也。”师又斫地三下，嘘一嘘。檗曰：“吾宗到汝，大兴于世。”

注释

① **山门：**又作三门。禅刹七堂伽蓝之一。指寺院正面之楼门。以寺院多居山林之处，故有此名。一般有三个门，象征空、无相、无作等三解脱门，故又称三门。或仅有一门，亦称之为三门。

② **境致：**景致。

③ **标榜：**标帜、榜样。

译文

义玄禅师在僧堂里睡觉，黄檗进堂看见后，用拄杖打了一下板头。禅师抬头见是黄檗，又接着睡。黄檗又打了板头一下，就往上间走，看见首座在那里坐禅，就说：“下间的后生却在那里坐禅，你在这里妄想干什么？”首座说：“这个老汉在干什么？”黄檗又打了板头一下，就出去了。

义玄禅师正在栽松，黄檗问：“深山里栽这么多松树干什么？”禅师说：“一来给山门添些景致，二来给后人做个榜样。”说完，用镢头刨了三下地。黄檗说：“虽然这样，你已挨我三十棒了。”禅师又刨了三下地，嘘了嘘。黄檗说：“我门宗法传到你这里，将会在世上大为兴盛。”

原典

到初祖塔头[①]，塔主[②]云：“长老先礼佛，先礼祖师？”云：“佛、祖俱不礼。”塔主云：“佛、祖与长老是什么冤家？”师便拂袖而出。

注释

① **初祖塔头：**初祖，初祖达磨。塔头，在禅宗，指开山祖师塔之所在。大的寺院里德高望重的住持入寂之后，弟子为了感慕师德，而去塔头建房而住，称为某大德之塔头某某院。

② **塔主：**禅林里职务名，即守塔的人。

译文

义玄禅师来到初祖的塔头，塔主说："长老您是先拜佛呢，还是先拜祖师？"回答说："佛、祖师都不拜。"塔主说："佛、祖师和长老是什么冤家？"禅师就拂袖出去。

原典

至晚小参[①]曰："有时夺人不夺境[②]，有时夺境不夺人[③]，有时人境两俱夺[④]，有时人境俱不夺[⑤]。"克符[⑥]问："如何是夺人不夺境？"师曰："煦日发生铺地锦，婴儿垂发白如丝。"符曰："如何是夺境不夺人？"师曰："王令已行天下遍，将军塞外绝烟尘。"符曰："如何是人境俱夺？"师曰："并汾绝信，独处一方。"符曰："如何是人境俱不夺？"师曰："王登宝殿，野老讴歌。"符于言下领旨。

注释

① **小参：**禅林中称随时说法为"小参"。上堂说法为"大参"。小参规模较小，故名。

② **夺人不夺境：**与下面"夺境不夺人""人境两

俱夺”“人境俱不夺”，被称为“四料简”。即四种简别法，又作“四料拣”。这是义玄禅师所施设的，能够应机应时、予夺随宜、杀活自在地教导学人的四种规则。与洞山良价的“五位说”都普遍流传于禅林。“境”，指客观；“人”，指主观。“夺人不夺境”，即夺主观而仅存客观，在万法之外不承认自己，以破除对人我见的执着。义玄后面解释说：“煦日发生铺地锦，婴儿垂发白如丝。”即大自然日落日出，每日常新，相比之下人的生命却稍纵即逝，刚出生的婴儿转眼间就成了发如白丝的老人。这就形象地说明了人我实体上的不存在。

③ **夺境不夺人：** 夺客观而仅存主观，以世界映现在一己心中，破除以法为实有的观点。义玄后面解释说：“王令已行天下遍，将军塞外绝烟尘。”王令虽然颁行天下，但对于隔绝烟尘在外的将军来说是不存在的，此时的将军只能自己做主。这就形象地表明了以法为实有的错误。

④ **人境两俱夺：** 否定主客观之见，兼破我执与法执。义玄后面解释说：“并汾绝信，独处一方。”意思是说并州、汾州等边关断绝音信，人们各处一方，就像人和法都不是实体性存在一样。并汾，今山西、河北一带。

⑤ **人境俱不夺：** 肯定主客观各各之存在。义玄后

面解释说："王登宝殿，野老讴歌。"意思是说天子登上宝殿，令行天下，田间野老自得其乐，讴歌太平之年，这就好像法周天下，而个人找到了自我心中之佛性。

⑥ **克符**：参义玄禅师领悟。后往涿州（今河北固安一带）。常穿纸做的衣服，人称"纸衣和尚"。他作有许多歌颂，广为流传。寂于唐昭宗、哀宗之际，生卒年及出家时间不详。

译文

到晚上小参时说："有时夺人不夺境，有时夺境不夺人，有时人和境都不夺，有时人和境都夺。"克符问："什么是夺人不夺境？"义玄禅师说："旭日升起大地又像铺满锦绣，婴儿初生瞬间头发垂下如未染的白丝。"克符问："什么是夺境不夺人？"禅师说："君王诏令已颁行整个天下，塞外的将军断绝了烽烟路尘。"克符问："什么是人和境都夺？"禅师说："并、汾地区断绝音信，将军独处天的一方。"克符问："什么是人和境都不夺？"禅师说："君王登上宝殿，野老在田间讴歌。"克符听后领会了参禅要旨。

原典

僧问："如何是真佛、真法、真道？乞师开示。"师曰："佛者心清净是，法者心光明是，道者处处无碍净光是。三即一，皆是空名而无实有。如真正作道人，念念心不间断。

"自达磨大师从西土来，只是觅个不受人惑底人，后遇二祖，一言便了，始知从前虚用工夫。山僧今日见处，与祖、佛不别。若第一句中荐[①]得，堪与祖、佛为师；若第二句中荐得，堪与人、天为师；若第三句中荐得，自救不了。"

僧便问："如何是第一句？"师曰："三要印开朱点窄，未容拟议主宾分[②]。"曰："如何是第二句？"师曰："妙解岂容无着问，沤和争负截流机[③]？"曰："如何是第三句？"师曰："但看棚头弄傀儡，抽牵全借里头人[④]。"乃曰："大凡演唱宗乘[⑤]，一句中须具三玄门[⑥]，一玄门须具三要，有权有实[⑦]，有照有用，汝等诸人作么生会？"

注释

① **荐：** 领悟、省悟、认识。

② **三要印开朱点窄，未容拟议主宾分：** 此句与后

面两句合起来为“临济三句”，即义玄禅师接引学人的三种方法。三要，指真佛；印开，指开显佛心印。三要印开，指一念开悟，真佛具现，而至成佛。这一句说的是言语以前真实的意味。

③ **妙解岂容无着问，沤和争负截流机**：此句则是教示第一句真佛具现之绝对解了会得。这种解了会得系属绝对，不容有任何方便。沤和，为梵文 Upāya 的音译，意译“方便”。截流机，指断绝烦恼而得解脱；即以各种方便法而求绝对之解脱。此句即具体说明真佛具现的绝对性。

④ **但看棚头弄傀儡，抽牵全借里头人**：此句系专对求道者中不通第一句，也不通第二句的钝根之人而设置的各种方便法门，有如傀儡师所表现出来的各种神头鬼面。

⑤ **演唱宗乘**：演唱，布演唱颂；宗乘，各宗所弘扬的宗义和教典。

⑥ **玄门**：玄妙之法门。有时也总称佛法为“玄门”。

⑦ **权、实**：适于一时机宜的方便法门叫作“权”；究竟不变之法叫作“实”。

译文

僧人问："什么是真佛、真法、真道？请师父给我开导指示。"义玄禅师说："佛是指内心的清净，法是指内心光明，道是指处处都没有障碍清净光明。三者是一个，都只是空名并没有实际存在。如果真正做一个有道的人，时时刻刻心不间断。

"自达磨大师从西土来这里只是想找一个不受人迷惑的人，后来遇到了二祖，一句话就了悟了，才知道从前千百经论注解佛教都是白费功夫。山僧今天的看法，与佛、祖并没有差别。如果从第一句中领悟，可以作为佛、祖的导师；如果从第二句中领悟，可以做人、天的导师；如果从第三句中领悟，自己就救不了自己了。"

僧人就问："什么是第一句？"禅师说："三要之印打开朱点显得狭窄，没等想起议论主宾就已划分。"僧人问："什么是第二句？"禅师说："玄妙理解怎能对没有执着于事物之念产生疑问，沤和方便怎能载起截流机？"僧人问："什么是第三句？"禅师说："只看棚头耍弄木偶做戏，抽线牵动全靠里边之人。"于是又说："大凡弘扬本宗教义，一句当中要具有三玄门，一玄门里要具有三要，有权宜有实际，有观照有作用，你们这些人怎么去理解？"

原典

上堂："赤肉团上①，有一无位真人②，常从汝等面门出入，未证据者看看。"时有僧出问："如何是无位真人？"师下禅床把住云："道！道！"其僧拟议，师托开云："无位真人是什么？干矢橛。"便归方丈。

注释

① **赤肉团上：** 肉体之身的上面。又谓像赤肉团一样的心上面。

② **无位真人：** 指不在诸佛之位的赤裸裸的真人，如云本来面目，也就是人所具有的佛性。

译文

上堂说："红肉团上，有一个无位真人，经常在你们面门出入，没有印证见到的人看看。"这时有一个僧人出来问："什么是无位真人？"义玄禅师下禅床抓住说："说！说！"那个僧人刚想说，禅师推开他说："无位真人是什么？是干屎橛。"说完就回方丈室去了。

原典

师见僧来，举起拂子，僧礼拜，师便打。又有僧来，师亦举拂子，僧不顾，师亦打。又有僧来参，师举拂子，僧曰："谢和尚指示。"师亦打。

一日，普化[①]在僧堂前吃生菜，师见云："大似一头驴。"普化便作驴鸣。师谓直岁[②]云："细抹草料着。"普化云："少室[③]人不识，金陵[④]又再来。临济一只眼[⑤]，到处为人开。"

注释

① **普化：**唐代禅僧。生年不详，卒于公元八六〇年。日本禅宗支派普化宗之祖。籍贯、世寿均不详。曾师从马祖门人宝积，密受真诀，深入堂奥。宝积入寂之后，即游化到北地镇州。

② **直岁：**直，当值之意。禅宗寺院中称一年之间担任干事之职务者为"直岁"。是禅寺六知事之一。本为接待客僧之职务，但在禅林中则为掌管一切杂事之称，是一个重要的职务。原来规定只担任一年，故名。

③ **少室：**少室山之少林寺。有时也指菩提达磨。

④ **金陵：**今南京。

⑤ **一只眼**：指法眼，即能够观照事物真相，认识玄如真理的智慧眼光。

译文

义玄禅师见一个僧人过来，就举起拂子，僧人礼拜，禅师便打。又有一个僧人过来，禅师也举起拂子，僧人不理睬，禅师也打。又有一个僧人前来参问，禅师也举起拂子，僧人说："谢谢和尚指示。"禅师也打。

一天普化在僧堂前面吃生菜，义玄禅师看见了说："好像一头驴。"普化就学驴叫。禅师对直岁僧说："仔细添加草料。"普化说："少室山没人赏识，金陵又再次到来。临济禅师一只慧眼，到处为人睁开。"

原典

又云："道流，佛法无用功处，只是平常无事，着衣吃饭，屙矢送尿，困来即卧。愚人笑我，智乃知焉。古人云：'向外作工夫，总是痴顽汉。'"

云："三乘十二分教，是拭不净故纸，佛是幻化身，祖是老比丘。你还是娘生已否？你若求佛，即被佛魔摄；你若求祖，即被祖魔缚。你若有求皆苦，不如无事。有一般秃比丘向学人道：佛是究竟[1]，于三大阿僧祇劫[2]修行，果满[3]始成道。道流，你若道佛是究竟，缘什么八十年后向拘尸罗城双林树间侧卧而死去？佛今何在？明知与我生死不别。”

注释

① **究竟：** 梵文 Uttara 的意译。意为至极之理。

② **三大阿僧祇劫：** 阿僧祇劫，意为无数劫。三大阿僧祇劫，是菩萨成佛的时间。

③ **果满：** 修行的时间叫“因位”。依修行之功而得证之位叫“果地”。此果地为因位之上，所以又叫“果上”。果上之功德圆满叫“果满”。

译文

义玄禅师又说：“各位学道者，佛法没有什么用功之处。只是平常没事，穿衣吃饭，拉屎撒尿，困了就睡。愚人讥笑我，智者才会理解。古人说：‘向外在费功夫的，都是痴迷愚顽的人。’”

义玄禅师又说：“三乘教法的十二部类经典，都是擦不干净的旧纸，佛是幻化之身，祖师是个老和尚。你是不是你娘生的？你如果去求佛，就被佛魔抓住；你如果去求祖师，就会被祖师的魔法抓住。你如果有所求，都是痛苦，不如没有事。有一种秃头和尚对学道者说：佛是终极真理，经过无数劫的修行，功果圆满才能成道。各位学道者，你若是说佛是终极真理，为什么他八十岁时在拘尸罗城双林树间侧身卧而入灭了呢？佛现在在什么地方？显然和我们一样有生有死。”

原典

师曰："有时一喝如金刚王宝剑，[①]有时一喝如踞地师子[②]，有时一喝如探竿影草[③]，有时一喝不作一喝用，汝作么生会？”僧拟议，师便喝。

注释

① **有时一喝如金刚王宝剑：**此句与后面三句合称“临济四喝”。此句意思是临济有时一喝是切断一切情解葛藤的利剑。金刚王，质地最坚硬的金刚石。

② **踞地师子：**比喻威势震猛，足以使百兽妖魔恐惧毙命，以扫除心中错误念头。

③ **探竿影草：**比喻引发学人悟道。探竿，把鹅鸟羽毛扎在竹竿顶端，伸进水中，诱鱼围拢，便于捕捞。影草，将草浸在水中，使鱼聚集到草影中以便打捞。

译文

义玄禅师说："有时一声吆喝如同金刚王宝剑，有时一声吆喝就像蹲在地上的狮子，有时一声吆喝就像探竿影草，有时一声吆喝不当作一声吆喝使用，你怎么领会？"僧人正想说话，禅师就吆喝一声。

原典

咸通八年[①]丁亥四月十日将示灭，说传法偈曰：

沿流不止问如何，真照无边说似他。
离相[②]离名人不禀，吹毛[③]用了急须磨。

复谓众曰："吾灭后，不得灭却吾正法眼藏！"三圣[④]出曰："争敢灭却和尚正法眼藏？"师曰："已后有人问你，向他道什么？"圣便喝。师曰："谁知吾正法眼藏，向这瞎驴边灭却[⑤]。"言讫端坐而逝。塔全身于府西北隅，谥"慧照"。

注释

① **咸通八年：**唐懿宗年号，公元八六七年。

② **离相：**三相之一，见《法华经·药草喻品》。而

此处则指超越“相”的束缚。

③ **吹毛：**指吹毛利剑。

④ **三圣：**指义玄之法嗣慧然禅师。因久住河北镇州（今正定县）之三圣院，故世人称为三圣。其生卒年、籍贯皆不详。

⑤ **瞎驴边灭却：**此句为本公案的要点。临济虽将三圣比作愚钝的瞎驴，却咐嘱了他正法眼藏。临济在揶揄其正法眼藏向这瞎驴灭却，于贬损中实寓赞美之意，表示真正之咐嘱。

译文

唐懿宗咸通八年丁亥（公元八六七年）四月十日即将圆寂，说传法偈说：“顺流而下不问停处如何，真正的观照无边无际说它像什么。脱离物相名称不能给人讲解，吹毛利剑用过要立刻就磨。”又对众人说：“我死后，你们不要断绝了我的正法眼藏！”三圣站出来说：“怎敢断绝了和尚的正法眼藏？”禅师说：“以后有人问你，对他说些什么？”三圣就吆喝。禅师说：“谁知道我的正法眼藏在这头瞎驴身边断灭了。”说完端坐而圆寂了。在镇州府城西北角建塔，以全身入塔。谥号为“慧照”。

瑞州洞山良价禅师

原典

瑞州[①]洞山[②]良价悟本禅师，会稽[③]俞氏子。幼岁从师念《般若心经》，至“无眼、耳、鼻、舌、身、意”处，忽以手扪面，问师曰：“某甲有眼、耳、鼻、舌等，何故经言无？”其师骇然异之，曰：“吾非汝师。”即指往五泄山[④]，礼默禅师[⑤]披剃，年二十一诣嵩山具戒。

游方，首谒南泉，值马祖讳辰[⑥]修斋[⑦]，泉问众曰：“来日设马祖斋，未审马祖还来否？”众皆无对，师出对曰：“待有伴即来。”泉曰：“此子虽后生，甚堪雕琢。”师曰：“和尚莫压良为贱[⑧]。”

注释

① **瑞州：**在今江西省高安、宜丰、上高等县一带。

② **洞山：**在今江西高安县。

③ **会稽：**今浙江绍兴市。

④ **五泄山：**在今浙江金华市。

⑤ **默禅师：**灵默禅师。生于公元七四七年，卒于公元八一八年。俗姓宣，毗陵（今江苏省常州市）人。初依马祖出家，后又以石头希迁为师。晚年居五泄山。

⑥ **讳辰：** 忌辰。

⑦ **修斋：** 聚会僧人而供斋食叫“斋会”。执行斋会叫“修斋”。

⑧ **压良为贱：** 本意为掠买平民子女做奴婢，在禅语中多指不了解自心本来是佛，却用烦琐手段追求做佛。

译文

瑞州洞山良价悟本禅师，会稽俞家之子。小时候跟随业师念《般若心经》，到“无眼、耳、鼻、舌、身、意”处，忽然用手摸脸，问业师说：“我明明有眼睛、耳朵、鼻子、舌头等，为什么经上说没有呢？”他的业师对他的特异感到很吃惊，说：“我并不是你的老师。”便告诉他去五泄山，参礼灵默禅师剃了发，二十一岁到嵩山受了具足戒。

游方，首先去谒见南泉，正好赶上马祖的忌辰举行斋会，南泉问众人：“明天为马祖举行斋会，不知道马祖来不来？”众人都没法回答，良价禅师站出来回答说：“等有伴就来。”南泉说：“这位虽是个后生，很可以雕琢成器。”禅师说：“和尚不要压良为贱。”

原典

师初行脚时，路逢一婆担水。师索水饮，婆曰："水不妨饮，婆有一问，须先问过。且道水具几尘？"师曰："不具诸尘。"婆云："去！休污我水担！"

云岩讳日营斋，僧问："和尚于云岩处得何指示？"师曰："虽在彼中，不蒙指示。"曰："既不蒙指示，又用设斋作什么？"师曰："争敢违背他？"曰："和尚初见南泉，为什么却与云岩设斋？"师曰："我不重先师道德佛法，只重他不为我说破。"曰："和尚为先师设斋，还肯先师也无？"师曰："半肯半不肯。"曰："为什么不全肯？"师曰："若全肯即孤负先师也。"

师自唐大中[①]末，于新丰山接诱学徒，厥后盛化豫章[②]高安之洞山。权开五位[③]，善接三根[④]，大阐一音[⑤]，广弘万品，横抽宝剑，翦诸见之稠林，妙叶弘通，截万端之穿凿。又得曹山[⑥]深明的旨，妙唱嘉猷，道合君臣，偏正回互，由是洞上玄风，播于天下，诸方宗匠咸共推尊之，曰"曹洞宗"[⑦]。

注释

① **大中：**唐宣宗年号，公元八四七—八六〇年。

② **豫章：**今江西省南昌市。

③ **五位：**良价禅师为了开导修行者，将心的状态分成五位，提出了“五位”的主张，被称为“洞山五位”。可分为正偏五位和功勋五位二种。

一、正偏五位，即正中偏、偏中正、正中来、偏中至、兼中到等五位。正是阴，意即真如之本体；偏是阳，意即生灭之现象。正中偏指平等中有差别；偏中正指差别即平等。基于此，作静中之动的修行工夫，则谓正中来；动中之静则为偏中至。兼以上二者，达到自由自在的境界，就叫兼中到。对此，曹山本寂曾以君臣为例而加以说明。

二、功勋五位，指向、奉、功、共功、功功等五者。即知众生本来具有佛性，追求达到佛果（向）；为证得佛性而修行（奉）；见佛性（功）；虽已达自由之觉位，尚有其作用（共功）；最后更超越前者而达到自由自在之境界（功功）。

④ **三根：**就众生善根的强弱而分上、中、下三根。

⑤ **一音：**指如来所说之法。

⑥ **曹山：**指曹山本寂禅师。曹山在今江西省宜黄县北三十余里。旧名梅山，亦名荷玉山。唐乾宁（公元八九四—八九八年）年间来此开山，建宝积寺。本寂念六祖之德，因改山名为“曹山”。

⑦ **曹洞宗：**当时良价禅师于洞山普利院致力于禅

学的教化，参学者常常达数百人。后良价传法于本寂，本寂后迁至抚州之曹山。其法系称作曹山；良价之法系称作洞山，合称之，即为曹洞宗。

译文

良价禅师开始行脚时，路上遇着一个婆婆担水。禅师要水喝，婆婆说：“水倒不怕你喝，但有一个问题，得先问过才行。你说水里有几粒尘土？”禅师说：“没有尘土。”婆婆说：“去！不要弄脏我的水担！”

云岩的忌日，良价禅师营办斋会，僧人问：“和尚在云岩那里得到什么指示了？”禅师说：“虽然在他的法会当中，却没有得指示。”僧人说：“既然没有受到指示，那么还用设斋做什么？”禅师说：“怎敢违背他呢？”僧人说：“和尚最初参见的是南泉，为什么却又给云岩举行斋会？”禅师说：“我并不看重先师的道德佛法，只看重他不为我说破。”僧人问：“和尚为先师举行斋会，还肯定先师吗？”禅师说：“一半肯定一半不肯定。”僧人说：“为什么不全肯定？”禅师说：“如果全部肯定就辜负先师了。”

良价禅师自从唐宣宗大中末年，在新丰山接引诱导学人徒众，后来传化于高安县的洞山。为了便于学人接受而开五位之说，善于接引不同善根的众生，大肆阐扬如来佛法，广泛教化众生万品，横抽金刚宝剑，剪除那些邪见如稠密的树林，玄妙的枝叶光大亨通，截断了千头万端穿凿附会之见。又得到曹山深奥明确的意旨，高妙的唱颂美好的见地，道合于君臣五位，偏正互相回互照应，从此洞山的玄妙之风，传播整个天下，各山门的住持宗祖都共同推崇尊奉，称为“曹洞宗”。

原典

师作“五位君臣颂”曰：

正中偏[①]，三更初夜月明前，莫怪相逢不相识，隐隐犹怀旧日嫌。

偏中正[②]，失晓老婆逢古镜，分明觌面别无真，休更迷头犹认影。

正中来[③]，无中有路隔尘埃，但能不触当今讳，也胜前朝断舌才。

兼中至[④]，两刃交锋不须避，好手犹如火里莲，宛然自有冲天志。

兼中到[⑤]，不落有无谁敢和，人人尽欲出常流，折合还归炭里坐。

注释

① **正中偏：**此乃开悟过程的五个阶段中的第一个阶段，此一阶段的证悟是以现象界为主。只是其所见的现象早已被认为是绝对我的境界。颂里首句“三更初夜”为正位，“月明”为偏位，即指明暗黑白未分之位；次句“莫怪相逢不相识”谓正即是偏，显示色即是空的道理；末句“隐隐犹怀旧日嫌”乃是指正偏互相融合，各还其本来面目，表示不变随缘之意。

② **偏中正：**此阶段不再强烈呈现分别见解，现象界的一切逐渐隐退。颂首句中“失晓（不知天晓，起身晚）老婆”为正中偏位，“逢古镜”则为偏中正位，即千差万别的事物现象直指真如平等的法界；次句“分明觌面别无真”说的是明相未显的时候，好比面向古镜而面容不分明；末句“休更迷头犹认影”乃劝诫学人不要只迷惑镜中影像的有无，以显示随缘不变的道理。

③ **正中来：**此阶段已不再感受身心的存在，二者都泯灭无余，即本体已达到无念的境界，以适应万象之差别，变现出自在之妙用。颂的首句“无中”为正位，“有路”为来偏，即空无一物的“体”“相”回互，能成色相、有相之活路，以表示佛与凡尚有间隔之相；次句“但能不触当今讳”说其正位“说有说无”

都不中，若反过来去触及则失其本意；末句“也胜前朝断舌才”谓不触及之功是为天真，在于潜行密中的隐微之间，以显示有语中之无语。即指无始之本觉佛性如来藏心之意。

④ **兼中至：**应为“偏中至”。此阶段从现象界差别之妙用，体悟现象与本体冥合。而达到无色不相之境。颂的首句“两刃交锋不须避”表示现偏之功用亨通无穷，在语默是非之间事事交锋，即不能躲避，也不为所伤；次句“好手犹如火里莲”谓其功用随处很少见到，如莲花之在火里犹声色天然；末句“宛然自有冲天志”则谓在声色是非之途所必归之所，即不觉之全相之意。

⑤ **兼中到：**这是圆满总收正偏来至无碍自在之境。颂的首句“不落有无谁敢和”，谓入有之时乃为绝对之有，非无可对，入无之时亦为绝对之无，非有可对，显现当头正面泯灭比邻，不随有无二境之见；次句“人人尽欲出常流”则劝诫学人勿迷失于常流自在之轨；末句“折合还归炭里坐”则导入“一相无相，究竟非思量”之归处，即显示究竟大觉道位之意。

译文

良价禅师作“偏正五位君臣颂”说：

正中偏，三更初夜月亮出现之前，不要错怪相逢却不相识，隐隐约约仍旧怀着宿怨前嫌。

偏中正，不知天亮的老婆婆遇上一面古镜，分明是照自己的脸面可就是看不真，不要再痴迷着心去辨认真影假影。

正中来，无中有路却有阻隔的尘埃，只要能不触及当今的忌讳，也胜过前朝的断舌之才。

偏中至，两把刀刃交锋不须躲避，好的身手就像火中的白莲，宛然自有冲天的雄心壮志。

兼中到，不堕入有与无谁敢唱和，人人都想超越庸常之流，最后还是回到炭中去坐。

原典

问：“蛇吞虾蟆，救则是，不救则是？”师曰：“救则双目不睹，不救则形影不彰。”

洗钵次，见两乌争虾蟆，有僧便问：“这个因什么到恁么地？”师曰：“只为阇黎①。”

注释

① **阇黎：** 亦作阇梨，阿阇梨的略称。意思是正行、轨范。谓能纠正弟子品行，能为弟子轨范之师，故又称导师。

译文

有人问：“蛇吞虾蟆，救对，还是不救对？”良价禅师说：“救的话，两眼看不见；不救的话，形和影都不明显。”

在洗饭钵时，看到两只乌鸦在争一个虾蟆，有个僧人就问：“这件事为什么弄成这样呢？”良价禅师说：“就是因为你。”

原典

师与云居[①]过水，师问：“水多少？”居曰：“不湿。”师曰：“粗人。”居却问：“水深多少？”师曰：“不干。”

注释

① **云居：** 指道膺禅师。云居，山名，也叫“欧

山”，在今江西永修县西南三十里，顶峰常生云雾。道膺禅师于此创真如禅院（宋易名为真悟寺），故号云居。

译文

良价禅师与云居道膺一起过河，禅师说：“水多少？”云居说：“不湿。”禅师说：“粗人。”云居反问：“水深多少？”禅师说：“不干。”

12　六祖下第六世

福州雪峰义存禅师

原典

久历禅会。在洞山作饭头，淘米次，山问：“淘沙去米，淘米去沙？”师曰：“沙、米一时去。”山曰：“大众吃个什么？”师遂覆却米盆。山曰：“据子因缘，合在德山[①]。”遂谒德山，问：“从上宗乘，学人还有分也无？”山打一棒曰：“道什么？”师曰：“不会。”至明日请益，山曰：“我宗无语句，实无一法与人。”师有省。

注释

① **德山：**指德山宣鉴禅师。德山，在今湖南常德

一带，沅江北岸。唐大中（公元八四七—八五九年）宣鉴禅师来此弘化，本州太守建立古德禅院请他住持。世乃称禅师为“德山和尚”。

译文

义存禅师长期以来参加许多禅会。在洞山做掌管炊事的饭头，淘米时，洞山问：“是淘沙去米呢，还是淘米去沙呢？”禅师说：“沙、米一齐去。”洞山问：“那么大众吃什么？”禅师于是将米盆翻了过去。洞山说：“根据你的机缘，应该在德山。”禅师于是去拜见德山，问：“在学习禅学上，还有没有我的福分？”德山打了他一棒说：“说些什么？”禅师说：“不领会。”第二天又请德山补充说明，德山说：“我们禅宗没有语言字句，实在没有一法可以给别人。”禅师有所省悟。

原典

住后，僧问：“和尚见德山得个什么便休去？”师曰：“我空手去，空手归。”

师一日在僧堂内烧火，闭却前后门，乃叫曰：“救火！救火！”玄沙[1]将一片柴从窗棂中抛入，师便开却门。

注释

①**玄沙**：师备，生于公元八三五年，卒于九〇八年，俗姓谢，福州人。与雪峰义存禅师共论禅法，成为义存的法嗣，因住玄沙山，故号玄沙。

译文

过了不久，僧人问："和尚去拜见德山得到什么就了结了？"义存禅师说："我空手去，空手归。"

义存禅师有一天在僧堂里点起了火，又把前后门都关上，然后喊道："救火！救火！"玄沙师备把一片木柴从窗棂中扔进去，禅师就开了门。

抚州曹山本寂禅师

原典

僧问："学人通身是病，请师医。"师曰："不医。"曰："为什么不医？"师曰："教汝求生不得，求死不得。"

问："沙门岂不是具大慈悲底人？"师曰："是。"曰："忽遇六贼①来时如何？"师曰："亦须具大慈悲。"曰："如何具大慈悲？"师曰："一剑挥尽。"曰："尽后如何？"师曰："始得和同。"

注释

① **六贼：**色、声、香、味、触、法等六尘与眼、耳、鼻、舌、身、意等六根为媒相接，产生劫、掠、功、能、法、财等烦恼，故比之为六贼。

译文

僧人问："学生浑身都是病，请师父医治。"本寂禅师说："不给治。"僧人说："为什么不给治？"禅师说："让你求生不得，求死不得。"

僧人问："僧人不就是具有大慈悲的人吗？"本寂禅师说："是。"僧人说："忽然遇到六贼来时怎么办？"禅师说："也应该具有大慈悲。"僧人说："怎样才具有大慈悲呢？"禅师说："一剑斩尽。"僧人问："斩尽以后怎样呢？"禅师说："才能和谐同一。"

原典

问："眉与目还相识也无？"师曰："不相识。"曰："为什么不相识？"师曰："为同在一处。"曰："恁么则不分去也。"师曰："眉且不是目。"曰："如何是目？"师曰："端的去。"曰："如何是眉？"师曰："曹山却疑。”曰：“和尚为什么却疑？”师曰：“若不疑，即端的去也。”

问：“家贫遭劫时如何？”师曰：“不能尽底去。”曰：“为什么不能尽底去？”师曰：“贼是家亲①。”

注释

① **贼是家亲：** 比喻自己难以彻底清除自己身上的私心杂念。

译文

僧人问：“眉毛和眼睛互相认识吗？”本寂禅师说：“不认识。”僧人问：“为什么不认识？”禅师说：“因为二者同在一个地方。”僧人说：“这样的话，二者就不分开了。”禅师说：“眉毛又不是眼睛。”僧人说：“什么是眼睛？”禅师说：“真的分开了。”僧人问：“什么是眉毛？”禅师说：“我正在疑问。”僧人说：“和尚为什么疑问？”禅师说：“如没有疑问，就真的分开了。”

僧人问：“家贫却遭到抢劫会怎么样？”禅师说：“不能全抢光。”僧人问：“为什么不能抢光？”禅师说：“贼是自家的亲戚。”

原典

镜清[①]问："清虚之理，毕竟无身时如何？"师曰："理即如此，事作么生？"曰："如理如事。"师曰："谩曹山一人即得，争奈诸圣眼何？"曰："若无诸圣眼，争鉴得个不恁么？"师曰："官不容针，私通车马[②]。"

注释

① **镜清：**道怤禅师。生于公元八六八年，卒于公元九三七年。俗姓陈，永嘉（今浙江省温州市）人。少时出家，后得法于雪峰义存禅师，出住越州（今浙江绍兴一带）镜清禅苑，因号镜清。

② **官不容针，私通车马：**意谓法律严密，不容丝毫含糊，然私下人情却大可通融。禅宗里多用以指接引学人时，可随机应物，采用多种方便形式。

译文

镜清问："清虚的道理，最终没有自身时是什么样？"本寂禅师说："理论上是这样，事情具体怎么做？"镜清说："按照理论去做事。"禅师说："瞒我一人可以，怎么对付诸位圣人的眼睛呢？"镜清说："如果没有诸圣的眼睛，怎能看出不是那样？”禅师说：“官家不许通过一根针，私下可以通行车和马。”

原典

问："一牛饮水，五马不嘶时如何？"师曰："曹山解忌口[1]。"

注释

① **忌口：** 不吃。

译文

有人问："一头牛饮水，五匹马不嘶叫时怎么样？"本寂禅师说："我懂得忌口。"

原典

师作四禁偈曰：

莫行心处路，不挂本来衣。
何须正恁么？切忌未生时。

译文

本寂禅师作四禁偈说："不要走有心之路，不要披挂本来之衣。何必正在那个时候？切忌没有产生之时。"

洪州云居道膺禅师

原典

示众曰："汝等譬如猎狗，但寻得有踪迹底。若遇羚羊挂角时，非但不见踪迹，气息也不识。"僧便问："羚羊挂角时如何？"答曰："六六三十六。"曰："会么？"僧曰："不会。"曰："不见道无踪迹？"

译文

道膺禅师指示众人说："你们这些人就像猎狗，只能找到有踪迹的。如果遇到羚羊挂角的时候，不但看不到踪迹，连气味也闻不着。"僧人便问："羚羊挂角时怎么样？"回答说："六六三十六。"又问："领会了吗？"僧人说："不领会。"禅师说："不是说了没有踪迹吗？"

越州乾峰和尚

原典

上堂："举一不得举二；放过一着，落在第二。"云门①出众曰："昨日有人从天台来，却往径山②去。"师曰："典座，来日不得普请。"便下座。

注释

① **云门：**指云门宗开创者文偃禅师。因住韶州云门山（今广东乳源瑶族自治县北）光泰禅院，自创一家宗风，因此称云门宗。

② **径山：**在杭州市。山为天目山余脉，有径盘回曲折而上，可通主峰，故名。有兴圣万寿寺。

译文

乾峰和尚上堂说："举一不能举二；放过一着，落在第二。"云门从众人中走出来说："昨天有人从天台来，却往径山去了。"乾峰和尚说："典座，明天不要普请了。"说完就下了座位。

13　六祖下第七世

郢州芭蕉慧清禅师

原典

郢州[1]芭蕉山慧清禅师上堂，拈拄杖示众曰：“你有拄杖子，我与你拄杖子；你无拄杖子，我夺却你拄杖子。”靠拄杖下座。

注释

① **郢州：**今湖北钟祥、京山一带。

译文

郢州芭蕉山慧清禅师上堂，捏着拄杖指示众人说：

"如果你有拄杖，我就给你拄杖；你如果没有拄杖，我就夺下你的拄杖。"说完把拄杖一靠就下了座位。

原典

问："贼来须打，客来须看，忽遇客贼俱来时如何？"师曰："屋里有一緉破草鞋。"曰："只如破草鞋，还堪受用也无？"师曰："汝若将去，前凶后不吉。"

译文

僧人问："贼来了要打出去，客人来了要出去看候，忽然客人、贼一起来时，怎么办呢？"慧清禅师说："屋里有一双破草鞋。"僧人说："不知道这双破草鞋，还能不能用？"禅师说："你如果拿去，开始危险后来也不吉利。"

福州玄沙师备禅师

原典

雪峰曰："世界阔一尺，古镜阔一尺；世界阔一丈，古镜阔一丈。"师指火垆曰："火垆阔多少？"峰曰：

“如古镜阔。”师曰：“老和尚脚跟未点地在。”

又云：“是诸人见有险恶，见有大虫刀剑诸事逼汝身命，便生无限怕怖。如似什么？恰如世间画师一般，自画作地狱变相，作大虫刀剑了，好好地看了，却自生怕怖。汝今诸人亦复如是。百般见有，是汝自幻出，自生怕怖，亦不是别人与汝为过。汝今欲觉此幻惑么？但识取汝金刚眼睛[①]。若识得，不曾教汝有纤尘可得露现，何处更有虎狼刀剑解胁吓得汝？直至释迦如是伎俩，亦觅出头处不得。所以我向汝道，沙门眼把定世界，函盖乾坤，不漏丝发，何处更有一物为汝知见？知么？何不急究取？”

注释

① **金刚眼睛：**所谓佛眼、法眼。

译文

雪峰说：“世界如果有一尺那么宽，那么古镜也有一尺那么宽；世界如果有一丈那么宽，古镜也有一丈那么宽。”师备禅师指着火炉子说：“火炉子有多宽？”雪峰说：“就像古镜那样宽。”禅师说：“老和尚脚跟没有着地呀。”

师备禅师又说："各位看见有险恶，看见老虎刀剑等等威胁你的性命，便产生无限的恐惧。好像什么？恰似世上画师一样，自己画出地狱变相，画出刀剑以后，认真地看过，却又自己心中生出恐怖。现在你们这些人也像这样。把什么都看成实际存在，都是你自己幻想出来的，自己生出的恐怖，并不是别人给你造成的过错。你们现在想从这种幻惑中清醒过来吗？只需认识你自己的金刚眼睛。如果认识到了，可以使你看不到有丝毫尘土能够呈现，哪里还有什么虎狼刀剑来吓唬你呢？即使是释迦牟尼像你们一样，也同样找不到出头觉悟的途径。所以我对你们说，沙门眼把住世界，包容乾坤，不漏一丝一发，哪里还有一种东西能给你看见？知道了吗？为什么不赶快去探索追究呢？"

韶州云门文偃禅师

原典

往参睦州，州才见来，便闭却门。师乃扣门，州曰："谁？"师曰："某甲。"州曰："作什么？"师曰："已事[①]未明，乞师指示。"州开门一见，便闭却。师如是连三日扣门，至第三日，州开门，师乃拶入。州便擒住曰：“道！道！”师拟议，州便推出曰：“秦时䡔轹钻[②]。”遂掩门，损师一足，师从此悟入。

注释

① **已事：**已，了结之意。已事，指了结心中烦恼，找到佛性。

② **秦时䡔轹钻：**秦代的钻头，比喻机锋早已过去。䡔轹，转动。

译文

文偃禅师前去参见睦州，睦州刚一见他来，就关上了门。禅师便敲门，睦州说：“是谁？”禅师说：“是我。”睦州说：“做什么？”禅师说：“因对如何了结心中烦恼，找到佛性不明白，乞求师父指点开示。”睦州开门一看，又关上了。禅师就这样连续三天敲门，到了第三天，睦州刚一开门，禅师就挤了进去。睦州便抓住他说：“说！说！”禅师刚要回答，睦州就把他推出去说：“秦时的䡔轹钻！”随即关上门，弄伤了禅师的一只脚，禅师由此悟入禅理。

原典

师在雪峰。僧问峰：“如何是触目不会道，运足焉知路？”峰云：“苍天！苍天！”僧不会，遂问师：“苍天意旨如何？”师云：“三斤麻，一匹布。”僧云：“不会。”师云：“更奉三尺竹。”峰闻喜云：“我常疑个布衲。”

问：“佛法如水中月，是否？”师曰：“清波无透路。”曰：“和尚从何得？”师曰：“再问复何来？”曰：“正与么时如何？”师曰：“重叠关山路。”

韦监军[①]见帐子画牛抵树，问僧：“牛抵树，树抵牛？”僧无对。师代云：“归依佛法僧。”

注释

① **监军：** 官职名。

译文

文偃禅师在雪峰那里。僧人问雪峰说：“什么是触目看见不会说，抬脚走路哪知路？”雪峰说：“苍天！苍天！”僧没有领会，便又问禅师：“苍天的意思是什么？”禅师说：“三斤麻，一匹布。”僧人说：“未领会。”禅师说：“再加上三尺竹子。”雪峰听了高兴地说：“我常怀疑是个布衲。”

僧人问：“佛法像水中的月亮，是不是？”文偃禅师说：“清波却没有穿透之路。”僧人问：“和尚您从哪里得来的？”禅师说：“你再问又从什么地方来？”僧人说：“正在这个时候怎么样？”禅师说：“重重叠叠的关山道路。”

韦监军看见帐子上画着牛抵树，就问僧人：“是牛抵树，还是树抵牛？”僧人无言答对。文偃禅师代替他回答说：“归依佛法僧。”

原典

问：“如何是云门一句？”师曰：“腊月二十五。”

问：“如何是法身[①]？”师曰：“六不收。”

注释

① **法身：**佛的真身。

译文

僧人问：“什么是云门一句？”文偃禅师说：“腊月二十五。”

僧人问："什么是法身？"文偃禅师说："六不收。"

原典

问："如何是超佛越祖之谈？"师曰："胡饼。"

问："如何是佛？"师曰："干矢橛。"

问："如何是诸佛出身处？"师曰："东山水上行。"

问："不起一念，还有过也无？"师曰："须弥山①。"

注释

①**须弥山：**原为印度神话中之山名，佛教之宇宙观延用之，谓其为耸立于一小世界中央之高山。也译苏迷卢、须弥卢，意译妙高、妙光。

译文

僧人问："什么是超佛越祖之谈？"文偃禅师说："胡饼。"

僧人问："什么是佛？"文偃禅师说："干屎橛。"

僧人问："什么是诸佛出身之处？"文偃禅师说："东山在水上行走。"

僧人问："一个念头也不起，还有什么过错没有？"文偃禅师说："须弥山。"

原典

师以乾祐元年[①]七月十五赴广主召，至府留止供养。九月甲子乃还山。谓众曰："我离山得六十七日，且问汝六十七日事作么生？"众莫能对。师曰："何不道和尚京中吃面多？"

注释

① **乾祐元年：**五代后汉年号，公元九四八年。

译文

文偃禅师在后汉乾祐元年（公元九四八年）七月十五日赴广主的约请，到府中居住供养。九月甲子日才回到山上。对众人说："我离开山门有六十七天，我且问你们六十七天的事情怎么样？"众人都不能回答。禅师说："为什么不说和尚在京城里吃面的时候多？"

原典

上堂："诸和尚子莫妄想，天是天，地是地，山是山，水是水，僧是僧，俗是俗。"良久曰："与我拈案山[①]来！"僧便问："学人见山是山，水是水时如何？"

师曰："三门[2]为什么骑佛殿从这里过？"曰："恁么则不妄想去也。"师曰："还我话头来！"

注释

① **案山：** 中国古代营造宫室时，常常是以北方吉相而高，南方较低，所以北方之山为主山，南方之山则为案山，常用以表示主客关系。

② **三门：** 寺院大门。后泛指寺院。寺院有开三道门的，有开一道门的。开一道门也叫"三门"，取三解脱门之意，即空门、无相门、无作门。

译文

上堂说："诸位和尚不要妄想，天是天，地是地，山是山，水是水，僧是僧，俗是俗。"过了好长时间又说："给我拿案山过来！"僧人便问："学人见山是山，水是水时怎么样？"文偃禅师说："三门为什么骑着佛殿从这里经过？"僧人说："那么就不妄想去了。"禅师说："还我话头来！"

原典

又曰："三乘十二分教横说竖说，天下老和尚纵横十字说，与我拈针锋许说底道理来看，与么道，早是作死马医。虽然如此，且有几个到此境界？不敢望汝言中有响，句里藏锋，瞬目千差，风恬浪静。”

又曰：“我事不获已，向你诸人道直下无事，早是相埋没了也。更欲踏步向前，寻言逐句，求觅解会，千差万别。广设问难，赢得一场口滑，去道转远，有什么休歇时？此事若在言语上，三乘十二分教岂是无言语？因什么更道教外别传？若从学解机智得，只如十地圣人说法如云如雨，犹被诃责，见性如隔罗縠。

“以此故知一切有心，天地悬殊。虽然如此，若是得底人，道火何曾烧口；终日说事，未尝挂着唇齿，未尝道着一字；终日着衣吃饭，未尝触着一粒米，挂一缕丝。虽然如此，犹是门庭之说，也须是实得恁么始得。若约[1]衲僧门下，句里呈机，徒劳伫思，直饶一句下承当得，犹是瞌睡汉。”时有僧问：“如何是一句？”师曰：“举。”

注释

① **约**：按照。

译文

文偃禅师又说："三乘教法十二部类经典横说竖说，全天下的老和尚纵横十字说，给我捏来针尖那么大的道理看来，这样讲，早就是把死马当作活马医。虽然这样，有几个能达到这种境界？我不敢指望你们言语中有声响，词句里藏着机锋，瞬目之间千差万别，过后又风平浪静。"

文偃禅师又说："我的事情没有了结，和你们这些人说当下没有事，早已互相埋没了。再去踏步向前，追寻语言词句，寻求知解领会，那就和大道千差万别了。多方地设问诘难，只是换来一场嘴上痛快，离禅道更加遥远，什么时候才能了悟休歇？这件事如果是在言语上面，那么三乘教法十二部类经典难道没有言语？为什么还说教外另行传授呢？如果从学习理解机会上就能得到，那么就像十地圣人说法如云如雨，还是被诃责，离见到佛性还隔一层罗纱。

"由此而知一切有意识的活动，都与禅道有天壤之别。虽然这样，要是得道的人，说火却从来没烧着嘴；整天说话，从来没有挂在嘴上，也没有说着一个字；整天穿衣吃饭，没有触到一粒米，挂一缕丝。当然，这还是门庭里面的说法而已，必须实际上得到才行。如果按照禅门对僧人的要求，在句子里呈现禅机，一味思虑只是徒劳，纵然一句之下能够领会，仍然是个瞌睡汉。”这时有个僧人问：“什么是一句？”禅师说：“举。”

14　六祖下第八世

汝州风穴延沼禅师

原典

上堂："祖师心印，状似铁牛之机，去即印住，住即印破。只如不去不住，印即是，不印即是？还有人道得么？"时有卢陂长老出问："学人有铁牛之机，请师不搭印。"师曰："惯钓鲸鲵[①]澄巨浸[②]，却怜蛙步辗泥沙。"陂注思，师喝曰："长老何不进语？"陂拟议，师便打一拂子，曰："还记得话头么？"陂拟开口，师又打一拂子。时有牧主曰："信知佛法与王法一般。"师曰："见什么道理？"主曰："当断不断，反招其乱。"师便下座。

注释

① **鲸鲵：** 鲸鱼。

② **巨浸：** 大湖。

译文

延沼禅师上堂说："祖师的心印，形状就像铁牛之机，离开就被印住，住下就印破。如果不离开不住下，是印才对，还是不印才对？还有人能说出吗？"这时有个卢陂长老站出来问："学生有铁牛之机，请师父不搭印怎么样？"禅师说："经常钓起鲸鱼澄清大湖，却怜惜起走路时踩着泥沙。"卢陂正在思考，禅师吆喝道："长老为什么不说话？"卢陂刚要说，禅师就打了一拂子说道："还记得话头？"卢陂才想再开口，又被禅师打了一拂子。这时有个牧主说："确实知道了佛法和王法一样。"禅师说："看出什么道理了？"牧主说："当断不断，反招其乱。"禅师就下了座位。

益州香林澄远禅师

原典

普请锄地次，有一僧曰："看！俗家失火。"师曰："那里火？"曰："不见那？"师曰："不见。"曰："瞎汉！"是时一众皆言远上座败阙[①]。后明教宽闻举曰："须是我远兄始得。"

注释

① **败阙：** 被挫败。

译文

在集体劳动锄地时，有一个僧人说："看！俗家失火了。"澄远禅师说："哪里有火？"僧人说："没看见那里？"禅师说："没看见。"僧人说："这个瞎汉！"当时大家都说澄远上座输了。后来明教宽禅师听人提到这件事说："还是我的远兄说的对。"

15　六祖下第九世

莲花峰祥庵主

原典

示寂日，拈拄杖示众曰："古人到这里，为什么不肯住？"众无对。师乃曰："为他途路不得力。"复曰："毕竟如何？"以杖横肩曰："榔㮚[1]横担不顾人，直入千峰万峰去。"言毕而逝。

注释

①**榔㮚：**也作榔栗、榔枥，木名，可为手杖。后代指手杖、禅杖。

译文

在即将圆寂那天，拿着拄杖对众人说：“古人到了这里，为什么不肯停住？”众人都没法回答。祥庵主便说：“因为他在路途上不得力。”又说：“最终怎样？”把拄杖横在肩上说：“榔㮙横着担起不顾他人，直到千峰万峰上去。”说完就圆寂了。

金陵清凉文益禅师

原典

金陵清凉院[①]文益禅师，余杭[②]鲁氏子。七岁落发，弱龄禀具[③]。属律匠希觉[④]师盛化于明州[⑤]，师往预听习，究其微旨。振锡南迈，抵福州，参长庆[⑥]，不大发明。

后同绍修、法进三人欲出岭，过地藏院，阻雪少憩。附垆次，藏[⑦]问："此行何之？"师曰："行脚去。"藏曰："作么生是行脚事？"师曰："不知。"藏曰："不知最亲切。"又同三人举《肇论》[⑧]，至"天地与我同根"处，藏曰："山河大地与上座自已[⑨]，是同是别？"师曰："别。"藏竖起两指。师曰："同。"藏又竖起两指，便起去。

雪霁辞去，藏门送之，问曰："上座，寻常说三界唯心，万法唯识[10]。"乃指庭下片石曰："且道此石在心内在心外？"师曰："在心内。"藏曰："行脚人着什么来由安片石在心头？"师窘无以对，即放包依席下，求决择。近一月余，日呈见解，说道理，藏语之曰："佛法不恁么。"师曰："某甲辞穷理绝也。"藏曰："若论佛法，一切现成。"师于言下大悟。

注释

① **清凉院：**五代时南唐建。初名清凉道场，也称清凉禅院、清凉广慧寺。大法眼文益禅师晚年居此弘化。

② **余杭：**区名，在今浙江省杭州市北部。

③ **禀具：**受具足戒。

④ **希觉：**字顺之，晋陵（今江苏武进县）人，俗姓商。曾师从西明慧则，精通南山律学。钱元瓘造千佛伽蓝，召他为寺主，赠名"文光大师"。能诗文，尤善于文，有《会释记》《增辉录》等行于世。

⑤ **明州：**因境内有四明山而得名。治所在今浙江省宁波一带。

⑥ **长庆：**慧棱大师。生于公元八五四年，卒于公元九三二年。俗姓孙，杭州盐官（今浙江省海宁县）

人。得法于雪峰义存禅师。晚年住长庆府（今福州市）长庆院，因此人称长庆和尚。号超觉大师。

⑦ **藏：**桂琛禅师。俗姓李，常山（今浙江省常山县）人。参谒玄沙师备禅师得法，初住福州石山建地藏院，后迁漳州罗汉院，故有地藏、罗汉之法号。

⑧**《肇论》：**书名，后秦僧肇著，一卷，是僧肇的论文集。包括《宗本义》《物不迁论》《不真空论》《般若无知论》《涅槃无名论》。

⑨“巳”，应为“己”。

⑩ **三界唯心，万法唯识：**欲界、色界、无色界的一切都由心造成，万事万物都是由心识变化显现的。

译文

金陵清凉院文益禅师，是余杭鲁家之子。七岁削发出家，未成年就受了具足戒。时律学宗匠希觉律师在明州盛行传化，文益禅师就前去听讲，研究其中细微的旨意。又提着锡杖向南行脚，到福州，参礼长庆大师，没有大的发现和领悟。

后来同绍修、法进三人打算出岭外，途经地藏院，被大雪阻隔，稍作停歇。围炉烤火时，地藏问：“这次要到哪儿去？”禅师说：“行脚去。”地藏问：“怎样才算行脚呢？”禅师说：“不知道。”地藏说：“不知道最合适。”又同三人谈起《肇论》，至“天地与我同根”句，地藏说：“山河大地和上座您自己，是相同还是不同？”禅师说：“不同。”地藏竖起两个指头。禅师说：“相同。”地藏又竖起两个指头，就走了。

雪晴了以后，告辞离去，地藏到门口送行，问道：“上座，平常说三界都因心生，万法皆由识起。”就指着院子里的一块石头说：“你且说说这块石头在心里在心外？”禅师说：“在心里。”地藏说：“行脚之人有什么缘由在心里安一块石头呢？”禅师困窘无话答对，就放下包裹依在地藏法席之下，请求抉择他的前程。一个多月的时间里，每天呈献自己的见解，讲说道理，地藏对他说：“佛法不是那样的。”禅师说：“我理屈辞穷了。”地藏说：“说起佛法，一切都是现成的。”禅师一听，顿时大为省悟。

原典

师问修山主①：“毫厘有差，天地悬隔，兄作么生会？”修曰：“毫厘有差，天地悬隔。”师曰：“恁么会又争得？”修曰：“和尚如何？”师曰：“毫厘有差，天地悬隔。”修便礼拜。

注释

① **修山主**：地藏院桂琛之法嗣龙济绍修。居抚州龙济山。博学多文，清简自牧，学人奔至如归。有《群经略要》及偈颂六十余首传世。

译文

文益禅师问绍修山主："毫厘差失，就会造成天壤之别，仁兄怎么理解？"绍修说："毫厘差失，就会造成天壤之别。"禅师说："那样领会怎么能行呢？"绍修说："您怎么样？"禅师说："毫厘差失，就会造成天壤之别。"绍修便礼拜。

原典

因僧来参次，师以手指帘，寻有二僧齐去卷帘。师云："一得一失。"

因开井，被沙塞却泉眼，师曰："泉眼不通，被沙碍；道眼不通，被什么碍？"僧无对。师代曰："被眼碍。"

师见僧搬土次，乃以一块土放僧担上，曰："吾助汝。"僧曰："谢和尚慈悲。"师不肯。一僧别云："和尚是什么心行？"师便休去。

译文

在僧人来参问时，文益禅师用手指了一下帘子，随即有两个僧人一同去卷帘子。禅师说："一个对一个错。"

在打井时，被沙子堵住了泉眼，文益禅师说："泉眼不通，是被沙堵塞；道眼不通，是被什么堵塞？"僧人无言应对。禅师代替他们回答："是被眼睛堵塞。"

文益禅师见僧人正在搬运泥土，就把一块土放在僧人的担子上，说："我来帮你。"僧人说："谢谢和尚的慈悲。"禅师没有肯定他的话。另外一个人说："和尚安的是什么心？"禅师便不作声了。

16　六祖下第十世

圆通缘德禅师

原典

后居庐山之圆通[1]，曹翰渡江入寺，禅者惊走，师宴坐如平日，翰至，不起。翰怒曰："汝不闻杀人不眨眼将军乎？"师熟视曰："汝安知有不惧生死和尚耶？"翰因警悚增叹。翰曰："禅者何为而散？"师曰："击鼓自集。"翰遣裨校击之，无至者。翰曰："不至何也？"师曰："公有杀心故尔。"因自起击之，禅者乃集。翰拜问决胜之策，师曰："非禅者所知。"

师每领诸刹，无所事去留，唯颓然默坐，而学者自成规矩。平生着一衲裙，以绳贯其褶处，夜申其裙以当被。

注释

① **圆通：** 圆通院。五代间南唐后主昭惠后所创。后主迎缘德禅师为开山。初名圆通院，亦称庐山新院，入宋后改名禅寺。

译文

缘德禅师后来居住在庐山的圆通院，曹翰率兵渡江闯入寺院，禅僧们惊恐奔逃，禅师平静地坐着像平时一样，曹翰到了，也不起来。曹翰大怒道："你没听说过杀人不眨眼的将军吗？"禅师仔细地打量他说："你哪里知道有不怕死的和尚呢？"曹翰因此肃然惊叹。曹翰说："禅僧们为什么逃散？"禅师说："敲起鼓来自然会集合。"曹翰叫裨校敲鼓，没有人来。曹翰说："为什么不来？"禅师说："你有杀人之心的缘故。"说着自己起身敲鼓，禅僧们就来集合了。曹翰向禅师礼拜请教取胜的策略，禅师说："这不是禅僧所知道的事。"

禅师每当来到一个寺院做住持，不管僧人的去留，只是颓然默默地坐着，而学者们却自觉形成规矩。平生穿一件衲裙，用绳子把褶处穿起来，晚上展开裙子当被。

明州雪窦重显禅师

原典

出家受具之后，横经讲席，究理穷玄，诘问锋驰，机辩无敌。首造智门，即伸问曰："不起一念，云何有过？"门召师近前，师才近前，门以拂子蓦口[①]打。师拟开口，门又打，师豁然开悟。

注释

① **蓦口：**对准嘴。

译文

雪窦重显禅师出家受具足戒之后，读经听法，探求真理追究玄奥，诘问话锋迅驰，随机辩难没有敌手。初访智门禅师，就问："心中不起一念，为什么说也有过错？"智门招呼他到跟前来，禅师才到跟前，智门就用拂子打他的嘴。禅师刚想开口，智门又打，禅师豁然开悟。

原典

师云："或云佛未出世时，一[1]人人鼻孔撩天。出世后，为什么杳无消息？"代云："贼不打贫儿家。"复问僧："贼不打贫儿家，因什么却打？"代云："须到如此。"

注释

①"一"，疑为衍文。

译文

重显禅师说："有人说，佛没有出世时，人人鼻孔撩天。出世以后，为什么杳无音信？"又代替僧人回答说："贼不打劫穷人家。"又问僧人："贼不打劫穷人家，为什么又打劫？"代替僧人回答说："应该这样。"

金陵清凉泰钦禅师

原典

金陵清凉泰钦法灯禅师，在众日[1]，性豪逸不事事，众易之，法眼独契重。眼一日问众："虎项金铃，是谁解得?”众无对。师适至，眼举前语问。师曰:“系者解得。”眼曰:“汝辈轻渠不得。”

注释

① **在众日:** 指做住持以前随大众一起从禅师学道问法的时候。

译文

金陵清凉泰钦法灯禅师，在做徒众时，性情豪爽放逸不做什么事情，众人都轻视他，法眼文益禅师却特别器重他。法眼有一天问众人:“老虎脖子上的金铃，谁能解下来?”众人无法答对。正好泰钦禅师来了，法眼用前面的话问他。禅师说:“系上去的人能解开。”法眼对众人说:“你们不能轻视他。”

永明道潜禅师

原典

异日，因四众士女入院，眼[①]问曰:“律中道，隔壁闻钗钏声，即名破戒。见睹金银合杂，朱紫骈阗，是破戒不是破戒？”师曰：“好个入路！”眼曰：“汝向后有五百毳徒[②]，为王侯所重在！”

注释

① **眼：**指法眼文益禅师。

② **毳徒：**僧徒。毳即毳衣，一种僧人服装，用羽毛编织装饰而成。

译文

一天，因四方男女进入禅院，法眼问：“戒律中说，隔着墙壁听头钗手钏之声，就叫破戒。现在你看到金钗银钏汇合杂沓，朱衣紫罗拥挤不堪，是破戒不是破戒？”道潜禅师说：“好一个悟道途径！”法眼说：“你以后将有五百僧徒，为王侯所看重！”

17　六祖下第十一世

潭州石霜楚圆禅师

原典

上堂："道吾①打鼓，四大部洲②同参；拄杖横也，挑括乾坤大地；钵盂覆也，盖却恒沙世界，且问诸人向什么处安身立命？若也知得，向北俱卢洲吃粥吃饭；若也不知，长连床③上吃粥吃饭。"

注释

① **道吾：**山名，在湖南长沙，慈明禅师在此弘法。

② **四大部洲：**在须弥山四方咸海中的四大洲。一南赡部洲，二东胜神洲，三西牛贺洲，四北瞿卢洲（即

北俱卢洲）。

③ **长连床：** 禅宗寺院僧堂里所放置的大床，长大可连坐多人。

译文

楚圆禅师上堂说："我在道吾山打鼓，四大部洲共同参问；把拄杖一横，挑起乾坤大地；把钵盂一扣，覆盖了无数的世界，且问你们这些人到什么地方去安身立命？如果知道，到北俱卢洲吃粥吃饭；如果不知道，就在长连床上吃粥吃饭。"

滁州琅琊慧觉禅师

原典

上堂："汝等诸人在我这里过夏，与你点出五般病：一、不得向万里无寸草处去；二、不得孤峰独宿；三、不得张弓架箭；四、不得物外安身；五、不得滞于生杀。何故？一处有滞，自救难为；五处若通，方名导师。汝等诸人，若到诸方，遇明眼作者[①]，与我通个消息，贵得祖风不坠。若是常徒，即便寝息。何故？裸形国里夸服饰，想君太煞[②]不知时。"

注释

① **明眼作者：**具有眼光的内行人。

② **太煞：**程度副词，相当于很、十分、实在等。

译文

慧觉禅师上堂说："你们这些人在我这里过夏，我给你们点出五种毛病：一、不要到万里没有寸草的地方去；二、不要在孤峰上独自住宿；三、不要张弓搭箭；四、不要在物相外安身立命；五、不要拘泥于生死。为什么？一处有了障碍，自己救自己就难了；五处如果畅通，才称得上导师。你们这些人，如果到了各山门，遇到有眼光的行家，替我通个消息，希望祖上遗风不至于坠落。如果是平常之辈，也就给压下了。什么原因呢？在全是裸体的国度里夸耀服饰之美，思念您太强烈了不知到何时。"

浮山法远禅师

原典

师与王质待制论道，画一圆相，问曰："一不得匹马单枪，二不得衣锦还乡，鹊不得喜，鸦不得殃，速道！速道！”王罔措。师曰：“勘破了也。”

译文

法远禅师与王质待制讨论禅理，他画了一个圆圈，问道：“一不要匹马单枪，二不要衣锦还乡，喜鹊不要使之欢喜，乌鸦不要使之遭殃，快说！快说！”王质待制不知所措。禅师说：“验出破绽了。”

荆州玉泉承皓禅师

原典

制犊鼻裈，书列代祖师的名字，乃曰：“唯有文殊、普贤较些子。”且书于带上，故丛林目为“皓布裈”。

僧入室次，狗子在室中，师叱一声，狗子便出去。师曰：“狗却会，你却不会。”

译文

承皓禅师做了一条犊鼻裈，上面书写历代祖师的名字，说：“只有文殊、普贤好一些。”且写在带子上，所以禅林中称为“皓布裈”。

僧人进来时，狗也在屋里，承皓禅师呵斥一声，狗立即出去了。禅师说："狗倒领会了，你却不领会。"

原典

一日众集，师问曰："作什么？"曰："入室。"师曰："待我抽解[1]来。"及上厕来，见僧不去，以拄杖赶散。

注释

① **抽解：**抽身解衣之意。又作抽脱。即自列众中抽身而出，脱卸袈裟，以便休憩或行大小便之意，故又以抽解一语为如厕之代用词。犹言解手。

译文

一天众人刚刚集合，承皓禅师问："干什么？"众人说："进屋子。"禅师说："等我解手回来。"等上厕所回来，看见僧人还没走，就用拄杖赶走了。

原典

一日为张无尽[1]举："傅大士颂曰：'空手把锄头，步行骑水牛。人从桥上过，桥流水不流。'"又举："洞山颂曰：‘五台山顶云蒸饭，佛殿阶前狗尿天。刹竿头上煎䭔子，三个猢狲夜簸钱。’此二颂只颂得法身边事，不颂得法身向上事。”张曰：“请和尚颂！”师曰：“昨夜雨霶烹，打倒蒲萄棚。知事[②]普请，行者人力，拄底拄，撑底撑，撑撑拄拄到天明，依旧可怜生。”

注释

① **张无尽：**北宋宰相张商英居士号“无尽”。信佛，主张儒释合一，由于其政治地位高，所以影响很大。

② **知事：**乃掌管诸僧杂事与庶务之职称。

译文

一天承皓禅师为张商英引说：“傅大士的颂说：‘空手却拿着锄头，步行却骑着水牛。人在桥上经过，桥流水却不流。’”又引说：“洞山的颂说：‘五台山顶上用云彩蒸饭，佛殿台阶前面狗尿连天。寺院旗竿顶上煎制䭔子，三个猢狲夜晚簸着铜钱。’这两则颂只是讲颂出了法身旁边的事，并没有讲颂出法身向上的更深奥的事。”张商英说：“请和尚颂说！”禅师说：“昨夜大雨嘭嘭，打倒了葡萄棚。知事请大家出动，行者仆役，顶的顶，撑的撑，顶顶撑撑一直到天明，依然可怜生。”

洪州云居道齐禅师

原典

洪州[1]云居道齐禅师，遍历禅会，学心未息。后于上蓝院[2]，主经藏。法灯[3]一日谓师曰：“有人问我西来意，答他曰：‘不东不西。’藏主[4]作么生会？”师对曰：“不东不西。”灯曰：“与么会，又争得？”曰：“道齐只恁么，未审和尚尊意如何？”灯曰：“他家自有儿孙在[5]。”师于是顿明厥旨。有颂曰：

接物利生绝妙，外生终是不肖。
他家自有儿孙，将来用得恰好。

注释

① **洪州：** 今江西省南昌市。

② **上蓝院：** 在洪州。唐广明元年（公元八八〇年）令超禅师创建，初名禅院，宋时改称寺。

③ **法灯：** 泰钦禅师。

④ **藏主：** 也作经藏主，对主管经藏僧人的称呼。

⑤ **他家自有儿孙在：** 意思是说不要看别人，应重视自家，以自家为主。

译文

洪州云居道齐禅师，广泛游历各地禅会，求学之心仍然不减。后来到了上蓝院，主管经藏。法灯有一天对禅师说："有人问我祖师西来的旨意，我回答他说：'不东不西。'藏主你怎么理解？"禅师回答说："不东不西。"法灯说："这样理解，又怎能行呢？"禅师说："道齐就是这样理解的，不知您的尊意是什么？"法灯说："别人家自有儿孙。"禅师顿时明白其中的旨意。作颂说："接待万物以利人生超群绝妙，外人所生终归不仁不孝。别人家自有别人家的儿孙，将来使用时端正恰好。"

18　六祖下第十二世

隆兴黄龙慧南禅师

原典

化主[1]归上堂："世间有五种不易：一、化者不易，二、施者不易，三、变生为熟者不易，四、端坐吃者不易，更有一种不易是什么人？"良久云："蹔。"便下座。

注释

① **化主：** 教化之主，也就是佛。另一个含义是指劝化信徒布施以供奉佛、法、僧三宝的人。此处指后者。

译文

慧南禅师于化主回来后上堂说："世上有五种不容易：一、教化不容易，二、施舍不容易，三、把生的变成熟的不容易，四、端坐吃饭不容易，还有一种不容易是什么人？"过了好长时间说："聻。"就下了座。

原典

示众，举："永嘉禅师[①]道：'游江海，涉山川，寻师访道为参禅。自从认得曹溪路，了知生死不相关。'诸上座，那个是游底山川？那个是寻底师？那个是参底禅？那个是访底道？向淮南、两浙[②]、庐山、南岳、云门、临济而求师，访道洞山、法眼而参禅，是向外驰求，名为外道。若以毗卢[③]自性为海，般若寂灭智为禅，名为内求。若外求，走杀汝；若住于五蕴内求，则缚杀汝。是故禅者非内非外，非有非无，非实非虚。不见道，内见外见俱错，佛道魔道俱恶。"

注释

① **永嘉禅师：** 永嘉玄觉禅师。

② **两浙：** 浙东、浙西。

③ **毗卢**："毗卢遮那"的略称。梵文是 Vairocana。是法身佛的通称。佛教内部有不同解释，法相宗以卢舍那、释迦牟尼二佛为受用身、变化身，以毗卢遮那佛为自性身。

译文

慧南禅师教示众人，引说："永嘉禅师说：'遨游江海，远涉山川，寻找导师访问佛道都是为了参禅。自从认得了曹溪大师所指明的道路，了悟理解了生和死都不相关。'各位上座，哪个是遨游的山川？哪个是寻找的导师？哪个是参的禅？哪个是访问的道？到淮南、两浙、庐山、南岳、云门、临济去求师，去洞山、法眼访道参禅，是向外奔走追求，叫作外道。如果以毗卢自性作为大海，般若寂灭智慧作为禅，叫作内求。若是向外追求，跑死你；若是停留在五蕴内追求，就会束缚死你。因此所谓禅不在内不在外，无所谓有无所谓无，不是实有也不是虚无。不见道，内见和外见都是错误的，佛道和魔道都是罪恶。"

原典

师室中常问僧曰："人人尽有生缘，上座生缘在何处？”正当问答交锋，却复伸手曰：“我手何似佛手？”又问诸方参请宗师所得，却复垂脚曰：“我脚何似驴脚？”三十余年，示此三问，学者莫能契旨，天下丛林目为“三关”。脱有酬者，师无可否，敛目危坐，人莫涯其意。

师住归宗时，一夕火起，大众哗动山谷，而师安坐如平时。僧洪准欲掖之走，师叱之。准曰：“和尚纵厌世间，慈明[①]法道何所赖耶？”因整衣起，而火已及榻。坐抵狱，为吏者拷掠百至，师怡然引咎，不以累人，惟不食而已。两月而后得释，须发不剪，皮骨仅在。真点胸[②]迎于中途，见之不自知泣下，曰：“师兄，何至是也？”师叱之曰：“这俗汉！”真不觉下拜。

注释

① **慈明：**石霜楚圆禅师，慧南之师。

② **真点胸：**生年不详，卒于公元一〇六四年。宋代临济宗僧。福州长溪人，世称“真点胸”。石霜楚圆之法嗣。因曾住隆兴府（江西）翠岩山，故称翠岩可真。后迁潭州（今湖南长沙市）道吾山。以其辩才无碍，名闻遐迩。

译文

慧南禅师在室中常常问僧人："人人都有家乡，上座家乡在什么地方？"正当问答交锋，却又突然伸手问："我的手比起佛手来怎样？"又问僧人参拜各地宗师有什么心得，却又突然垂下脚问："我的脚比起驴脚来怎么样？"三十多年，提出这三个问题，学者没有谁能回答契合他的旨意的，天下禅林中称为"三关"。如果有谁去应对，禅师也不说对错，闭着眼睛直挺挺地坐在那里，人们都猜不透他的意思。

慧南禅师住持归宗寺时，一天晚上失火，众人喊叫都惊动了山谷，而禅师安然坐着像平时一样。僧人洪准想夹着他走，禅师呵斥洪准。洪准说："和尚即使厌弃人世，可是慈明的道法靠谁传扬呢？"这才整理衣服起身，此时火已烧到了床上。禅师因这次火灾受牵连入狱，被狱吏百般拷问毒打，禅师都平静地把过错引到自己身上，不连累别人，只是不吃东西而已。两个月后得到释放，胡须头发都没剪，只剩下皮包骨了。真点胸到中途接他，看了不禁流下眼泪，说："师兄，怎么弄成这个样子？"禅师呵斥他说："这个俗汉！"真点胸不禁向禅师下拜。

原典

师风度凝远，丛林中有终身未尝见其破颜者。居积翠[①]时，一夕燕坐，间光烛室，戒侍者令勿言。熙宁二年[②]三月十六日，四祖演长老[③]通法嗣书，上堂："山僧才轻德薄，岂堪人师？盖不昧本心，不欺诸圣，未免生死；今免生死，未出轮回；今出轮回，未得解脱；今得解脱，未得自在；今得自在，所以大觉世尊于燃灯佛所无一法可得，六祖夜半于黄梅又传个什么？"乃说偈曰：

得不得，传不传，归根得旨复何言？
忆得首山曾漏泄，新妇骑驴阿家牵[④]。

翌日午时，端坐示寂。阇维[⑤]得五色舍利。塔于前山。

注释

① **积翠：**寺名，位于黄檗山（在今江西省内）。

② **熙宁二年：**宋神宗年号，公元一〇六九年。

③ **四祖演长老：**指四祖山演长老。四祖山，位于湖北黄梅县西北，又称破头山、破额山。唐武德七年（公元六二四年），禅宗四祖道信住于此，改名双峰山，

并就地筑庵，称正觉寺、四祖寺。

④ **新妇骑驴阿家牵：**婆婆为新媳妇牵驴，比喻事理颠倒。

⑤ **阇维：**荼毗，指僧死后火化。

译文

慧南禅师风度闲凝淡远，禅林中有人一生没有看他笑过。居住在积翠寺时，有一天晚上，多种光同时照亮屋室，禅师告诫侍者不要说。宋神宗熙宁二年（公元一〇六九年）三月十六日，四祖山演长老寄来传承法嗣的书信，禅师上堂说："我才轻德薄，怎能做别人的导师？一般来说不隐瞒自己本心，不欺骗诸位圣明，还是不能免除生死之念；如今免除生死之念，还是超不出轮回；如今超出轮回，还是没能解脱；如今得到解脱，还没有得到自在；如今得到自在，所以才大为觉悟世尊在燃灯佛那里没有一法可以得到，六祖半夜在黄梅大师那里又得到个什么？"于是说偈道："得不得之得，传不传之传，归根到头得知禅旨还用什么语言？记得在首山之上曾经泄漏，新媳妇骑驴婆婆为她拉牵。"第二天午时，端坐圆寂。火化得五色舍利。在山前建塔。

袁州杨岐方会禅师

原典

袁州[1]杨岐[2]方会禅师，袁州宜春[3]冷氏子。少警敏，不事笔研，及出家阅经典，辄自神会。折节[4]参老宿慈明，自南源徙道吾、石霜，师皆佐之，总院事。依之虽久，然未有省发。每咨参，明曰：“库司[5]事繁，且去。”他日又问，明曰：“监寺异日儿孙遍天下在，何用忙为？”

一日明适出，雨忽作，师伺之小径，既见遂搊住曰：“这老汉，今日须与我说，不说打你去！”明曰：“监寺知是般事便休。”语未卒，师大悟，即拜于泥涂。

注释

① **袁州：** 在今江西省萍乡市和新渝以西的袁水流域。治所在宜春。

② **杨岐：** 山名，也叫岐山。世传为杨朱泣岐处，故名。有普通院，唐甄叔禅师创置，后方会禅师入居，名声才大了起来。

③ **宜春：** 今江西省宜春市。

④ **折节：** 原为改变平日的志节行为，而此处指转

而去参礼德高望重的禅师。

⑤ **库司**：为禅林六知事之一。又称都寺、都总、都监寺、都管。即统辖事务的最高职位。

译文

袁州杨岐方会禅师，是袁州宜春冷家之子。少年时机灵敏锐，不太在笔研文字上用心，等到出家后阅读经典，自己就能心领神会。转而去参礼德高望重的慈明禅师，慈明从南源迁徙到道吾、石霜山，方会禅师都一直帮助出力，总管寺院事务。可是跟随这么长时间，却没有省悟发现。每次咨询参问，慈明都说："库司事务繁多，先去吧。"有一天又去问，慈明说："监寺将来徒子徒孙遍布天下，何必着急呢？"

一天慈明刚出去，忽然下起雨来，禅师在小路上暗中等候慈明，见到后一把抓住说："你这老头子，今天一定要给我说，不说的话就揍你！"慈明说："监寺既然知道这种事情就算了吧。"话没说完，禅师就彻底省悟了，当即就在泥泞的路上拜倒行礼。

原典

一日八人新到，师问："一字阵圆，作家战将何不出阵，与杨岐相见？”僧云：“和尚照顾话头！”师曰：“杨岐今日抱马拖旗去也。”僧云：“新戒打退鼓。”师云：“道！”僧拟议，师云：“道！”僧抚掌一下。师曰：“谢上座答话。”僧无语。师曰：“将头不猛，累及三军。且坐吃茶。”

问：“如何是佛？”师曰：“三脚驴子弄蹄行。”

译文

一天有八个僧人刚到，方会禅师就问：“一字阵形已布置圆满，能人战将为什么不出阵，与我杨岐相会？”僧人说：“和尚照顾好话头！”禅师说：“杨岐今天抱着马，拖着旗走了。”僧人说：“新受戒就打退鼓。”禅师说：“说！”僧人正想说话，禅师又说：“说！”僧人拍了一下手掌。禅师说：“谢谢上座答话。”僧人没有话了。禅师说：“将领不勇猛，连累了三军。且坐下吃茶吧。”

僧人问：“什么是佛？”禅师说：“三只脚的驴舞起蹄子走。”

洪州翠岩可真禅师

原典

洪州翠岩[①]可真禅师，参慈明，因之金銮，同善侍者[②]坐夏。善慈明高弟[③]，师自负亲见慈明，天下无可意者。善与语，知其未彻。一日同山行，举论锋发，善拈一片瓦砾置盘石上，曰："若向这里下得一转语，许你亲见慈明。"师左右视，拟对之，善叱曰："伫思停机，情识未透，何曾梦见？"师愧悚，即还石霜。慈明见来，叱曰："本色行脚人，必知时节，有甚急事，夏未了，早至此？"师泣曰："被善兄毒心[④]，终碍塞人，故来见和尚。"明遽问："如何是佛法大意？"师曰："无云生岭上，有月落波心。"明瞋目喝曰："头白齿豁，犹作这个见解，如何脱离生死？"师悚然求指示。明曰："汝问我。"师理前语问之，明震声喝曰："无云生岭上，有月落波心。"师于言下大悟。

注释

① **翠岩：** 山名，在今江西南昌。有广化寺，唐从欣禅师创建。初名禅院，入宋称寺。

② **善侍者：** 生平事迹不详。

③ **高弟：**高足、得意弟子。

④ **毒心：**犹言中毒心里憋闷。

译文

洪州翠岩可真禅师，参见慈明禅师，后到金銮，和善侍者一同过夏。善侍者是慈明的高足，可真禅师自负亲自参见过慈明，天下人没有看上眼的。善侍者和他谈话，知道他还没有彻底了悟。有一天，一起在山上走，议论起来机锋齐发，善侍者拿起一片瓦砾放在巨石上说："如果能在这里说出一句转语，我就算你亲自见到了慈明。"禅师左看看右看看，准备回答，善侍者呵斥说："停住了思想机锋，情识还没有参透，何曾梦见过慈明的旨意？"禅师惭愧慌悚，当即返回石霜山。慈明看见他来了，呵斥道："正经的行脚人，肯定知道时间季节，有什么急事，夏还没了，早早就来到这里？"禅师哭着说："被善兄毒了心，始终堵塞得难受，所以来见和尚。"慈明即刻问："什么是佛法的大意？"禅师说："没有云彩生在山岭之上，只有月亮落在水波中心。"慈明瞪着眼睛喝道："头发发白，牙齿动摇，还保持这种见解，怎么脱离生死呢？"禅师慌悚请求指示。慈明说："你来问我。"禅师又拿前面慈明的话来问，慈明震起声威喝道："没有云彩出生在山岭之上，只有月亮落在水波中心。"禅师听后，顿时大为省悟。

东京芙蓉道楷禅师

原典

东京[①]天宁芙蓉[②]道楷禅师，幼学辟谷[③]，隐伊阳山。后试[④]《法华》[⑤]得度。谒投子[⑥]于海会[⑦]，乃问："佛祖言教，如家常茶饭，离此之外，别有为人处也无？"子曰："汝道寰中天子敕，还假尧、舜、禹、汤也无？"师欲进语，子以拂子摵师口曰："汝发意来，早有三十棒也。"师即开悟，再拜便行。子曰："且来，阇黎！"师不顾。子曰："汝到不疑之地耶？"师以手掩耳。

注释

① **东京**：今河南省开封市。北宋为都城，称东京。

② **芙蓉**：湖名，位在淄州（今山东省淄博市）。道楷禅师曾住芙蓉湖中，故世称芙蓉道楷。

③ **辟谷**：道家修行，即练习导引术，不食五谷，可以长生。

④ **试**：试经，即对读经者的考试测验。

⑤ **《法华》**：《妙法莲华经》。梵文为 Saddharma-puṇḍarīka sūtra，后秦鸠摩罗什译。八卷。“妙法”意为所说教法微妙无上；“莲华（花）经”比喻经典的洁白美丽。

⑥ **投子**：义青禅师。生于公元一〇三二年，寂于公元一〇八三年。俗姓李，青社（今河南省郾师县）人。七岁出家，为大阳警玄禅师法嗣，住安徽舒州（今潜山县）投子山胜因院，故号投子。

⑦ **海会**：海会院，在舒州白云山（今安徽潜山县境）。院为唐代如新禅师开山建置，五代时称禅院，入宋后改名禅寺。

译文

东京芙蓉道楷禅师，小时学辟谷之术，隐居在伊阳山。后来考《法华经》得以度为僧人。到海会院去拜见投子，问道：“佛、祖的言传教诲，像家常便饭，离开这些之外，还有接引学人的门径吗？”投子说：“你说世上天子下达诏令，还要不要通过尧、舜、禹、汤？”禅师想再提问，投子用拂子敲打禅师的嘴说：“你再产生念头，早该打三十棒了。”禅师当即开悟，向投子拜两拜就走了。投子说："暂且回来，阇黎！"禅师头也不回。投子问："你到达不疑惑的地步了吗？"禅师用手把耳捂上。

原典

政和八年[1]五月十四日，索笔书偈曰：

吾年七十六，世缘今已足。
生不爱天堂，死不怕地狱。
撒手横身三界外，腾腾任运何拘束？

移时乃逝。

注释

① **政和八年：**宋徽宗年号，公元一一一八年。

译文

宋徽宗政和八年（公元一一一八年）五月十四日，要来笔写了一首偈诗说："我今年岁七十六，世缘如今已满足。活着不爱进天堂，死了不怕入地狱。撒手人间横身三界之外，任凭命运流转有什么拘牵束缚？"过了一个时辰就圆寂了。

东京慧林宗本禅师

原典

神宗[1]最重师，尝召对，师倏然自如，无所加损。出都日，王公贵人送者车骑相属。师诲之曰："岁月不可把玩，老病不与人期。唯勤修勿怠，是真相为[2]。"闻者莫不感动。

注释

① **神宗**：宋神宗赵佶，公元一一〇一——一一二五年在位。

② **真相为**：真诚的奉劝。

译文

宋神宗最看重宗本禅师，曾经召来宫中问对，禅师坦然自如，没有颂扬也没有批评。出京城那天，前来送行的王公贵人车马相接。禅师告诫大家说："岁月不可玩忽，衰老疾病并不等人。只有勤于修习不要懈怠，才是我真诚的奉劝。"听到的人没有不受感动的。

东京法云法秀禅师

原典

李伯时善画马，师呵曰："汝士大夫以画名，矧又画马，期人夸'妙！妙！'入马腹中，亦足惧。"伯时遂绝笔，师劝画观音赎过。黄鲁直[①]工艳词，师亦诋呵之，鲁直笑曰："又当置我马腹耶？"师曰："汝以艳语动天下人淫心，不止马腹，正恐生泥犁[②]耳！"黄竦然悔谢，遂励精求道。

注释

① **黄鲁直：**北宋著名文学家、书法家黄庭坚，字鲁直。

② **泥犁：**梵语地狱的意思。

译文

李伯时善于画马，法秀禅师呵斥道："你作为士大夫却以画画知名，况且又画马，希望人家夸你'妙！妙！'死后进入马肚子里，也够可怕的了。"李伯时遂搁笔再也不画了，禅师劝他画观音像赎罪。黄庭坚善于填香艳小词，禅师也训斥他，黄庭坚笑着说："又该把我放在马肚子里了吧！"禅师说："你用香艳词语煽动天下人的淫邪之心，不仅仅是马肚子，恐怕是要入地狱的！"黄庭坚震惊悔过谢罪，于是加紧精进追求佛道。

19　六祖下第十三世

隆兴黄龙祖心禅师

原典

师室中常举拳问僧:“唤作拳头则触，不唤作拳头则背，唤作什么?”

译文

祖心禅师在室中常常举着拳头问僧人:“叫作拳头就是冒犯，不叫作拳头就错误，叫作什么?”

隆兴宝峰克文禅师

原典

遂回见黄龙[1]，问："甚处来？"师曰："特来礼拜和尚。"龙曰："恰值老僧不在。"师曰："向甚么处去？"龙曰："天台普请，南岳游山。"师曰："恁么则学人得自在去也。"龙曰："脚下鞋甚处得来？"师曰："庐山七百五十文唱得。"龙曰："何曾得自在？"师指鞋曰："何尝不自在？"龙异之。

注释

① **黄龙：**指黄龙慧南禅师。

译文

克文禅师于是回去见黄龙，黄龙问："从什么地方来的？"禅师说："特意来参拜和尚。"黄龙说："恰好老僧不在。"禅师说："到什么地方去了？"黄龙说："在天台集体作务，在南岳游山玩水。"禅师说："那样的话学人就得自在去了。"黄龙说："你脚下面的鞋是从什么地方得来的？"禅师说："在庐山用七百五十文唱来的。”黄龙说：“什么时候得过自在？”禅师指着鞋说：“什么时候有过不自在？”黄龙感到他很奇特。

原典

一日，龙曰："适令侍者卷帘，问渠：'卷起帘时如何？'曰：'照见天下。''放下帘时如何？'曰：'水泄不通。''不卷不放时如何？'侍者无语。汝作么生？"师曰："和尚替侍者下涅槃堂始得。"龙喝曰："关西[1]人果无头脑！"乃顾旁僧。师指之曰："只这僧也未梦见。"龙大笑。

注释

① **关西**：汉唐等时代泛指函谷关以西或潼关以西的地区。

译文

有一天黄龙说：“刚才我叫侍者卷起帘子，问他：‘卷起帘子时怎么样？’他回答说：‘照见全天下。’我问：‘放下帘子时怎么样？’他回答说：‘水泄不通。’我问：‘不卷也不放时怎么样？’侍者就没话了。要是你怎么回答？”克文禅师说：“和尚您替侍者下涅槃堂才能行。”黄龙呵斥道：“你们关西人果然没有头脑！”说完就去看旁边的僧人。禅师指着那人说：“只怕这个僧人也没有梦见。”黄龙大笑。

原典

僧问：“有一人欲出长安，有一人欲入长安，未审那个在先？”师曰：“多少人疑着？”曰：“不许夜行。”师曰：“蚊子锥铁牛。”曰：“山顶老猿啼古木，渡头新雁下平沙。”师曰：“长安人已入，你合作么生？”曰：“春日华山青。”师曰：“这僧虽然后生，却可与商量。”

译文

僧人问：“有一个人要出长安，有一个人要进长安，不知道哪个在前面？”克文禅师说：“有多少人这样疑惑？”僧人说：“不许夜晚行走。”禅师说：“蚊子叮铁牛。”僧人说：“山顶上的老猿在古树上啼叫，渡口旁的新来鸿雁落下平沙。”禅师说：“长安人已经进去，你该怎么办？”僧人说：“春天里华山一片青葱。”禅师说：“这个僧人虽然是个后生小子，却可以和他一同讨论。”

舒州白云守端禅师

原典

舒州白云守端禅师，衡阳[①]葛氏子。幼事翰墨[②]，冠依茶陵[③]郁禅师披削。往参杨岐[④]。岐一日忽问："受业师为谁？"师曰："茶陵郁和尚。"岐曰："吾闻伊过桥遭攧有省，作偈甚奇，能记否？"师诵曰："我有明珠一颗，久被尘劳关锁。今朝尘尽光生，照破山河万朵。"岐笑而趋起。师愕然通夕不寐，黎明咨询之。适岁暮，岐曰："汝见昨日打驱傩[⑤]者么？"曰："见。"岐曰："汝一筹不及渠。"师复骇曰："何谓也？"岐曰："渠爱人笑，汝怕人笑。"师大悟。

注释

① **衡阳：** 今湖南省衡阳市。

② **翰墨：** 笔墨。翰，毛笔。

③ **茶陵：** 县名。在湖南省东部、湘江支流洣水流域，邻接江西省。

④ **杨岐：** 指杨岐方会禅师。

⑤ **傩：** 古代一种风俗，迎神以驱除疫鬼。傩社一年数次，大傩在腊日前举行。

译文

舒州白云守端禅师，是衡阳葛家之子。少小从事文章笔墨，成年后投奔茶陵郁禅师削发出家。又去参礼杨岐。一天杨岐忽然问道：“你的受业师父是谁？”禅师说：“是茶陵郁和尚。”杨岐说：“我听说他过桥时摔了一跤因而有所省悟，作的偈诗非常奇特，能记得吗？”禅师背诵道：“我本来有明珠一颗，长期被尘俗之劳闭锁。如今尘散光辉复生，照破山河千朵万朵。”杨岐笑着迅速起身。禅师非常惊愕，一夜没睡，一大早就去问。这时正是年底，杨岐说：“你昨天看见打驱傩的那些人了吗？”禅师说：“看见了。”杨岐说：“你比那些人差一筹。”禅师惊奇地问道：“这是什么意思？”杨岐说：“他们喜欢人笑，你怕人笑。”禅师顿时大为省悟。

金陵保宁仁勇禅师

原典

金陵保宁[①]仁勇禅师，僧问：“如何是佛？”师曰：“近火先焦。”曰：“如何是道？”曰：“泥里有刺。”曰：“如何是道中人？”曰：“切忌踏着。”

注释

① **保宁**：保宁禅院，在金陵（今南京市）。传说是三国吴赤乌四年（公元二四一年）吴大帝孙权所立。唐代称保宁禅院，宋政和七年（公元一一一七年）废为神霄宫，后又称保宁寺。

译文

金陵保宁仁勇禅师，有僧人问他："什么是佛？"禅师说："靠近火就先被烧焦。"僧人问："什么是道？"禅师说："泥里有刺。"僧人说："什么是道中之人？"禅师说："切忌踩上。"

原典

上堂："山僧入拔舌地狱[①]去也！"以手拽舌云："阿哪！阿哪！"

注释

① **拔舌地狱**：造口业之恶（说坏话、错话）者死后所要堕入的地狱。

译文

仁勇禅师上堂说："山僧入拔舌地狱去了！"用手拽舌头说："哎哟！哎哟！"

原典

上堂："古人底今人用，今人底古人为。古今无背面，今古几人知？唧呜咿！一九与二九，相逢不出手。"

上堂："有手脚，无背面，明眼人看不见。天左旋，地右转。"拍膝云："西风一阵来，落叶两三片。"

示众云："释迦老子四十九年说法，不曾道着一字。优波毱多丈室盈筹[1]，不曾度得一人。达磨不居少室，六祖不住曹溪。彼自无疮，勿伤之也。"拍膝顾众云："且喜得天下太平[2]。"

注释

① **优波毱多丈室盈筹：**西天祖师四祖优波毱多尊者教化使之得正果的人最多。他每度一个人就把一筹放在石室里。那个石室长十八肘，宽十二肘，筹充盈其间。筹，类似筷子那样的竹棒。

② 云门文偃禅师在谈到释迦牟尼佛降生时说："我当时若见，一棒打杀与狗子吃，贵图天下太平。"

译文

仁勇禅师上堂说："古人的今人用，今人的是古人所做。古今没有正面背面，从古到今有几个人知道？哪呜咿！一九和二九，相见不出手。"

仁勇禅师上堂说："有手有脚，没有正面反面，有眼光的人却看不见。天向左旋，地向右转。"拍了一下膝盖说："西风一阵吹来，落叶两片三片。"

对众人说："释迦老子说了四十九年法，没有说过一个字。优波毱多的石屋里装满了筹棒，却没有度过一个人。达磨大师不住在少室山，六祖大师也不住在曹溪。他自己没疮疤，你不要故意去弄伤他。"拍了拍膝盖看着众人说："庆幸天下能够太平。"

邓州丹霞子淳禅师

原典

邓州[①]丹霞[②]子淳禅师，上堂举："德山[③]示众曰：'我宗无语句，实无一法与人。'德山恁么说话，可谓是只知入草求人，不觉通身泥水。仔细观来，只具一只眼。若是丹霞则不然。我宗有语句，金刀剪不开，深深玄妙旨[④]，玉女[⑤]夜怀胎。"

注释

① **邓州：** 今河南邓县一带。

② **丹霞：** 在邓州。寺名。

③ **德山：** 德山宣鉴禅师。

④ **玄妙旨：** 玄旨。

⑤ **玉女：** 玉石女雕像。

译文

邓州丹霞子淳禅师，上堂引说："德山教示众人说：'我们禅宗没有语言字句，实在没有一法给人。'德山这样说，可以说是只知道到草里找人，不知道弄得自己通身是泥水。仔细看来，只有一只眼睛。若是我丹霞就不是这样。我们禅宗有语言字句，却用金刀也不能剪开，其中深奥玄妙的旨意，就像玉石女像夜里怀胎。"

20　六祖下第十四世

隆兴兜率从悦禅师

原典

师室中设三语，以验学者。一曰：“拨草瞻风，只图见性。即今上人[①]性在什么处？”二曰：“识得自性，方脱生死。眼光落地时作么生脱？”三曰：“脱得生死便知去处。四大分离向什么处去？”

注释

① **上人**：对僧人的尊称。

译文

从悦禅师在室中设三个问题，来检验学者。一是："拨开荒草瞻看风向，只图见到本来心性。现在就要问你本性在什么地方？"二是："认识到了自己的本性，才能脱离生死的困扰。可是当眼光落在地上时怎样去脱离？"三是："能够脱离生死，就知道了去向。可是当四大分离时朝什么地方去？"

原典

元祐六年[①]冬，浴讫，集众说偈曰：

四十有八，圣凡尽杀。
不是英雄，龙安路滑[②]。

奄然而化。

注释

① **元祐六年：**宋哲宗年号，公元一〇九一年。

② **龙安路滑：**龙安，从悦禅师所住地名。路滑，喻指禅机玄妙，难以契合。

译文

宋哲宗元祐六年（公元一〇九一年）冬，沐浴毕，召集众人说偈道：“四十有八，圣凡全部抹杀。不是英雄豪杰，龙安路途太滑。”说完奄然圆寂。

蕲州五祖法演禅师

原典

问：“如何是临济下[1]事？”师曰：“五逆闻雷。”曰：“如何是云门下事？”师曰：“红旗闪烁。”曰：“如何是曹洞下事？”师曰：“驰书不到家。”曰：“如何是沩仰下事？”师曰：“断碑横古路。”僧礼拜。师曰：“何不问法眼下事？”曰：“留与和尚。”师曰：“巡人犯夜。”

注释

① **下：**门下，宗派。

译文

僧人问：“什么是临济会下的事情？”法演禅师说：“如五逆听惊雷。”僧人问：“什么是云门会下的事情呢？”禅师说：“像红旗闪烁。”僧人问：“什么是曹洞会下的事情？”禅师说：“就像骑马送信却送不到家。”僧人问：“什么是沩仰会下的事情？”禅师说：“如断碑横在古道上。”僧人便礼拜。禅师问：“为什么不问法眼会下的事情呢？”僧人说：“留给和尚。”禅师说：“像巡夜人违反宵禁。”

原典

问：“如何是佛？”师曰：“露胸跣足。”曰：“如何是法？”师曰：“大赦不放。”曰：“如何是僧？”师曰：“钓鱼船上谢三郎①。”

注释

① **谢三郎：** 指玄沙师备禅师。师备俗姓谢，人根据他在家排行第三，而称为谢三郎。

译文

僧人问：“什么是佛？”法演禅师说：“露着胸光着脚。”僧人问：“什么是法？”禅师说：“大赦却不释放。”僧人问：“什么是僧？”禅师说：“钓鱼船上的谢三郎。”

原典

师云：“我这里禅似个什么？如人家会作贼，有一儿子，一日云：‘我爷[①]老后，我却如何养家？须学个事业始得。’遂白其爷。爷云：‘好。’得一夜引至巨室[②]，穿窬[③]入宅，开柜，乃教儿子入其中取衣帛。儿才入柜，爷便闭却，复锁了。故于厅上扣打，令其家惊觉，乃先寻穿窬而去。其家人即时起来，点火烛之，知有贼，但已去了。其贼儿在柜中，私自语曰：‘我爷何故如此？’正闷闷中，却得一计，作鼠咬声。其家遣婢点灯开柜，柜才开了，贼儿耸身吹灭灯，推倒婢走出。其家人赶至中路，贼儿忽见一井，乃推巨石投井中，其人却于井中觅。贼儿直走归家，问爷，爷云：‘你休说，你怎生得出？’儿具说上件意。爷云：‘你恁么，尽做得。’”

注释

① **爷：** 指父亲。

② **巨室：** 大户人家。

③ **穿窬：** 穿壁翻墙。

译文

法演禅师说：“我这里的禅像个什么？就像人家会作贼，有一个儿子说：‘我爹老了以后，我怎么养家？要学个行当才行。’于是告诉了爹爹。爹说：‘好。’选了一个夜晚把他带到一个大户人家，穿墙进入宅子，打开柜，便叫儿子进去取衣服布帛。儿子刚进柜里，爹爹就把盖给盖上，而且又锁上了。故意到厅里去敲打，使那个家里的人惊醒，便先穿墙跑了。那家人即时起床，点火照明查看，发现有贼人侵入，但是已经离去了。那个贼儿子在柜子里，私下自言自语：‘我爹为什么这样呢？’正在纳闷中，却想出一条计策，便学老鼠嗑东西的声音。那家主人派婢女点灯开柜，柜刚一打开，贼儿子起身吹灭灯，推倒婢女跑了出去。那家的人追他到了半路上，贼儿子忽然看到一口井，就把一块大石头推进井里，那些人就在井里寻找。贼儿子一直跑回到家里，问爹爹，爹爹说：‘你不要问为什么那样做，你是怎么出来的？’儿子就把前面的事情说了一遍。爹爹说：‘你能这样，什么都能做了。’”

原典

师垂语曰：“譬如水牯牛过窗棂，头、角、四蹄都过了，因甚尾巴过不得？”

常展手，问僧曰：“如何唤作手？”

室中常问僧：“倩女离魂[①]，那个是真底？”

注释

① **倩女离魂：**元代杂剧作家郑光祖根据唐代陈玄祐传奇小说《离魂记》而作的杂剧《迷青琐倩女离魂》中讲的故事。张倩女与王文举相爱，为母阻挠，文举被迫赴京考试，倩女思念文举而魂魄离躯，赶上文举，结为夫妇。

译文

法演禅师垂示众人说：“就像水牯牛过窗棂，头、角、四个蹄子都过去了，为什么尾巴过不去？”

法演禅师常常展开手掌，问僧人说：“为什么叫作手？”

在室中法演禅师常常问僧人：“倩女离魂出壳，哪个是真的？”

21　六祖下第十五世

成都昭觉克勤禅师

原典

会部使者解印还蜀，诣祖[①]问道。祖曰："提刑[②]少年曾读小艳诗否？有两句颇相近，'频呼小玉[③]元无事，只要檀郎[④]认得声'。"提刑应："喏！喏！"祖曰："且仔细！"

师适归侍立次，问曰："闻和尚举小艳诗，提刑会否？"祖曰："他只认得声。"师曰："'只要檀郎认得声'。他既认得声，为什么却不是？"祖曰："如何是祖师西来意？庭前柏树子聻！"师忽有省，遽出，见鸡飞上阑干，鼓翅而鸣，复自谓曰："此岂不是声？"

遂袖香入室，通所得，呈偈曰：

金鸭[5]香销锦绣帏，笙歌丛里醉扶归。

少年一段风流事，只许佳人独自知。

祖曰："佛祖大事，非小根[6]劣品所能造诣，吾助汝喜！"祖遍谓山中耆旧[7]曰："我侍者参得禅也。"由此所至推为上首[8]。

注释

① **祖**：五祖法演禅师。

② **提刑**：官名。宋淳化二年（公元九九一年）置，全称提点刑狱官，略称提刑，掌察所辖狱讼及举刺官吏。

③ **小玉**：吴王夫差女名小玉，后代诗文中常借指所描写的美丽女子。

④ **檀郎**：晋潘安小名叫檀奴，姿容秀美。后以檀郎为美男子的代称。

⑤ **金鸭**：由金属做成鸭子形状的香炉。

⑥ **小根**：本来指可受小乘佛教根性的人。此处指慧根不利的人。

⑦ **耆旧**：故老、年老的旧好。

⑧ **上首**：大众之中位居最上者。后于禅林里，间以"首座"代称上首，而其推重之意不变。

译文

正赶上刑部使者卸任回蜀，到五祖法演那里问道。五祖说：“提刑年轻时曾经读过艳情小诗吗？有两句很相似，‘频繁呼叫小玉原来并没有事，只是想叫檀郎认出自己的声音’。”提刑连声说：“对！对！”五祖说：“要仔细！”克勤禅师回来侍立时，问道：“听说和尚引说艳情小诗，提刑领会了吗？”五祖说：“他只认得声音。”禅师说：“‘只是想叫檀郎能认出自己的声音。’他既然认得自己的声音，为什么不对呢？”五祖说：“什么是祖师从西来传授的旨意？庭院前的柏树哩！”禅师忽然有所省悟，立刻出去，看见鸡飞上栏杆，鼓动翅膀打鸣，又对自己说：“这难道不是声音吗？”

于是袖里揣着香进屋，为表达自己的心得，献上偈诗说：“金鸭香炉里冒出的香烟消失在锦绣罗帐里，在笙歌缭绕中喝醉了酒被人扶归。年轻时这一段风流韵事，只能让美人独自埋藏在心里。”五祖说：“佛祖所传的大事，并不是慧根不高的人所能造诣的，我替你高兴！”五祖到处对山中的老朋友说：“我的侍者参到禅了。”由此所到之处都把禅师推为上座。

原典

示众云："通身是眼见不到，通身是耳闻不及，通身是口说不着，通身是心鉴不出。通身即且置，或若无眼作么生见？无耳作么生闻？无口作么生说？无心作么生鉴？若向这里拨得一线路，便与古佛[①]同参。且道参什么人？"

注释

① **古佛：**古时之佛。有时也用作对高僧的敬称。

译文

克勤禅师对众人说："浑身都是眼睛看不见，浑身都是耳朵听不到，浑身都是嘴巴说不着，浑身都是心鉴别不出。浑身就暂且放下，要是没有眼睛怎么见？没有耳朵怎么听？没有嘴怎么说？没有心怎么鉴别？如果在这里拨出一条线路，就可以和高僧一同参究了。且说说参什么人？"

舒州太平慧勤禅师

原典

一日闻祖[①]举："僧问赵州[②]：'如何是和尚家风？'州曰：'老僧耳聋，高声问将来！'僧再问，州曰：'你问我家风，我却识你家风了也。'"师即大豁所疑，曰："乞和尚指示极则[③]。"祖曰："森罗及万象，一法之所印。"师展拜。

注释

① **祖：** 五祖法演禅师。

② **赵州：** 赵州从谂禅师。

③ **极则：** 最高的准则。

译文

慧勤禅师有一天听五祖法演引说："僧人问赵州：'什么是和尚家风？'赵州说：'老僧耳朵聋，你大声来问！'僧人又问，赵州说：'你问我的家风，我倒认识了你的家风。'"禅师心中的疑惑顿时豁然开朗，说："求和尚指示最高法则。"五祖说："森罗和万象，都是由一个佛法所印证的。"禅师展身拜谢。

舒州龙门清远禅师

原典

示道三偈，其二《合辙》：“水中月是天边月，南北东西更无别。新罗[①]打铁火星飞，烧着指头名合辙。”

注释

① **新罗：** 朝鲜古国名。

译文

清远禅师示道三偈，其二《合辙》说：“水中之月就是天边月，南北东西统统没差别。新罗打铁火星漫天飞，烧着指头才叫合了辙。”

22　六祖下第十六世

平江虎丘绍隆禅师

原典

平江府[①]虎丘绍隆禅师，初谒长芦[②]信禅师[③]，得其大略。有传圆悟[④]语至者，师读之，叹曰："想酢生液，虽未浇肠沃胃，要且使人庆快，第恨未聆謦欬耳！"遂由宝峰，依湛堂，客黄龙扣死心禅师[⑤]，次谒圆悟。

一日入室，悟问曰："见见之时，见非是见，见犹离见，见不能及。"举拳曰："还见么？"师曰："见。"悟曰："头上安头。"师闻脱然契证。悟叱曰："见个什么？"师曰："竹密不妨流水过。"悟肯之。寻俾掌藏教。有问悟曰："隆藏主柔易若此，何能为哉？"悟曰："瞌睡虎耳！"

注释

① **平江府：** 今江苏省苏州一带。

② **长芦：** 长芦崇福寺。在真州（今江苏省仪征市）。初名崇福禅院，俗称长芦院，南宋时改称禅寺。

③ **信禅师：** 长芦崇信禅师，属云门宗。又称净照禅师。庐州（在今安徽省）慎县人。俗姓高，生卒年不详。

④ **圆悟：** 昭觉克勤之号。

⑤ **死心禅师：** 宋代僧，俗姓王，韶州（今广东韶关等地）人。参黄龙祖心得法，晚年在黄龙弘法，号死心叟。学人云集，多为其所成就。政和五年（公元一一一五年）入寂，享寿七十二岁。

译文

平江府虎丘绍隆禅师，起初去拜见长芦崇福寺崇信禅师，得到其大略旨意。有人传圆悟话来，绍隆禅师听了以后，感叹说："想到醋生出唾液，虽然没有浇灌到肠胃里，就已经使人感到畅快，只是遗憾没有聆听到美妙的谈论！"于是通过宝峰，皈依湛堂，客居黄龙参问死心禅师，然后拜见圆悟。

一天进入圆悟居室，圆悟问："见到见的时候，见并不是见，见就像离开见一样，见并不能达到。”说完举着拳头说：“还见么？”禅师说：“见。”圆悟说：“头上安头。”禅师听完释然契悟。圆悟呵斥说：“见到了什么？”禅师说：“竹子虽密却不妨碍流水通过。”圆悟肯定了他的见解。不久让他掌管经藏。有人问圆悟说：“隆藏主这样老实柔和，能做什么呢？”圆悟说：“他是一只正在打瞌睡的老虎啊。”

径山大慧宗杲禅师

原典

十七落发，即喜宗门[①]中事。遍阅诸家语录，尤喜云门、睦州语。尝疑五家宗派，元初[②]只是一个达磨，甚处有许多门庭？性俊逸不羁。

注释

① **宗门：**本来是诸宗的通称，后来成了禅宗自赞自夸的称呼，因此把其他宗称为“教门”。

② **元初：**原来、最初的意思。

译文

宗杲禅师十七岁剃发出家，就喜欢禅宗里的义理。广泛地阅读了各家的语录，特别喜欢云门、睦州说的话。曾经疑惑五家宗派，原来只有一个达磨祖师，哪里有这么多的门户？性格俊迈豪放不羁。

原典

师才见僧入便云："释迦老子来也！"僧近前，师云："不是。"便打。次一僧入，师亦曰："释迦老子来也！"僧当面问讯，便出。师曰："却似真个。"

僧才入，师便曰："诸佛、菩萨、畜生、驴马、庭前柏树子、麻三斤、干矢橛，你是一枚无状贼汉！"曰："久知和尚有此机要①。"师曰："我已无端入荒草②，是你屎臭气也不知。"僧拂袖便出。师曰："苦哉！佛陀耶！"

注释

① **机要：**精义和要点。

② **入荒草：**落草，落于下贱之意。

译文

宗杲禅师看见一个僧人刚走进来就说:“释迦老子来了!”僧人走近了,禅师说:“原来不是。”就打他。接着又有一个僧人进来,禅师也说:“释迦老子来了!”僧人当面问候完毕,就出去了。禅师说:“倒像是真的。”

僧人刚进来,宗杲禅师就说:“诸佛、菩萨、畜生、驴马、庭院前的柏树、麻三斤、干屎橛,你是一个不可言状的贼汉!”僧人说:“我早就知道和尚有这个机密要点。”禅师说:“我已无故落入荒草,而你连屎臭气也不知道。”僧人甩着袖子出去。禅师说:“苦啊!佛陀呀!”

原典

问僧:“恁么也不得,不恁么也不得,恁么不恁么总不得,作么生?”曰:“总得。”师曰:“抛却甜桃树,缘山摘醋梨。”

又云:“他弓莫把,他马莫骑,他人之事莫知。此虽常言,亦可为入道之资粮。但常自检察,自旦至暮,有甚利人自利之事,稍觉偏枯[1],当须自警,不可忽也!”

注释

① **偏枯**：偏于一方面，照顾不均，失去平衡。

译文

宗杲禅师问僧人："那样也不行，不那样也不行，那样不那样都不行，怎么办？"僧人说："都行。"禅师说："抛弃了甜桃树，满山去摘酸醋梨。"

宗杲禅师又说："别人的弓不要把，别人的马不要骑，别人的事情不要知。这虽是常言，也可以作为悟入佛道的本钱。只要经常自我检察，从早到晚，有什么利于别人和自己的事情，稍稍发现有偏于自己方面的迹象，就要自我警醒，不可忽视啊！"

原典

又云："有一种人，早晨看经念佛忏悔，晚间纵口业骂詈人，次日依前礼佛忏悔，卒岁穷年，以为日课，此乃愚之甚也！殊不知梵语'忏摩[①]'，此云'悔过'，谓之断相续心[②]，一断永不复续，一忏永不复造。此吾佛忏悔之意，学道之士不可不知也。"

注释

① **忏摩：**梵文为Kṣamaya，意为忍恕，请别人容忍宽恕。

② **断相续心：**逆流十心第五为断相续心。说的是修行的人做完恶事以后，进行忏悔，之后就更坚决不做恶事，以此来破恶念相续之心。

译文

宗杲禅师又说："有这样一种人，早晨看经念佛忏悔，晚上又放纵自己的嘴骂人，第二天依旧向佛礼拜忏悔，一年到头，好像作为每天的功课一样，这是最愚蠢不过的了！殊不知梵语'忏摩'，汉语叫'忏过'，说的是断相续心，一旦阻断，永远不再接续，一旦忏悔永远不再造就。这是我佛忏悔的含义，学道的人不可不知啊！"

原典

示李献臣曰："士人博览群书，本以资益性识①，而反以记持古人言语，蕴在胸中作事业，资谈柄，殊不知圣人说教之意。所谓终日数他宝，自无半钱分。看读佛教亦然，当须见月忘指，不可依语生解。古德云：‘佛说一切法，为度一切心，我无一切心，何用一切法？’有志之士，读书看教能如是，方体圣人之意少分[②]也。”

注释

① **性识：** 佛教指众生之根性心识。此处指心性见识。

② **少分：** 少许。与一切相对。佛教把一切分为全分与少分二种、全分指不限定在特定范围之内者，包括广的一切；少分指在某种限定范围之内者。

译文

宗杲禅师在给李献臣的信中说：“士人博览群书，本来是为有益于性识的培养，却反倒以记住古人的言语，蕴藏在胸中作为事业，供做谈论的材料，这是很不了解圣人说教的本意。正像人们所说的整天数别人的宝贝，自己却没有半分半钱。阅读佛的教示也是这样，应该见到月亮忘记手指，不能望文生义。古时高僧说：‘佛所说的一切法，为的是度一切心，我没有一切心，哪里用得上一切法？’有志之士，读书看经能达到这一步，才能体会到一点圣人的用意。”

原典

示李献臣曰："佛说一切法，为度一切心，我无一切心，何用一切法？法本无法，心亦无心。心法两空，是真实相。而今学道之士，多怕落空，作如是解者，错认方便，执病为药，深可怜愍。故庞居士[①]有言：'汝勿嫌落空，落空亦不恶。'又云：'但愿空诸所有，切勿实诸所无。'若觑得遮[②]一句子破，无边恶业无明，当下瓦解冰消。"

注释

① **庞居士：**名蕴，字道玄，衡阳（今湖南省衡阳市）人。生卒年未详，八世纪下半叶、九世纪上半叶在世。参马祖道一禅师得法。曾与妻子儿女躬耕鹿门山（在今湖北省襄阳市）下，有语录和三百多篇诗偈传世。

② "遮"，通"这"。

译文

宗杲禅师在给李献臣的信中说："佛所说的一切法，为的是度一切心，我没有一切心，哪里用得上一切法？法本来没有法，心也没有心。心和法两者都空无所有，才是常住不变的真实相状。而现在那些学道之士，总是害怕落空，像这样理解的人，错认了方便之门，拿病当药，真是够可怜的。所以庞蕴居士有这样的话：‘你不要嫌弃落空，就是落空了也不错。’又说：‘但愿把一切有都变成空虚，也千万不要把一切虚空变成实有。’如果能把这句话看破，无数烦恼愚痴，就会顿时冰消瓦解。”

原典

示聂寺丞云："禅不在静处，不在闹处，不在思量分别处，不在日用应缘处。然虽如是，第一不得舍却静处、闹处、日用应缘处、思量分别处参。忽然眼开，都是自家屋里事。"

译文

宗杲禅师在给聂寺丞的信中说："禅不在寂静之处，不在热闹之处，不在思考分析之处，不在日常生活随机应缘之处。可是虽然这样，第一是不能舍弃寂静之处、热闹之处、日常生活随机应缘之处、思考分析之处去参。忽然开悟睁眼一看，都是自己家屋里的事情。"

源
流

《指月录》与其他经论不同，主要是由一则一则的公案组成，相对于它的源头，即各种灯录、语录，并不存在思想精神上的发展变化，所以只能在书的编集方面溯其源，就书的影响方面述其流。

说到《指月录》之流，则有清代聂先的《续指月录》，较为简单，而说到《指月录》之源，则是非常复杂的。瞿氏在《指月录》的序中说："予垂髫则好读竺坟，尤好宗门家言。……意适处，辄手录之。"可见《指月录》是从这些"宗门家言"中摘录出来的。

这些"宗门家言"到底有哪些书籍？我们从书中以夹注形式出现的附录中提到的书名，大致可以判定有如下著作：北宋道原《景德传灯录》，契嵩《传法正宗记》，南宋宗杲《正法眼藏》，普济《五灯会元》，明居顶《续传灯录》，唐道宣《高僧传》，智炬《宝林传》，北宋赞宁《续高僧传》，惠洪《禅林僧宝传》，《智证传》，《林间录》，延寿《宗镜录》，克勤《碧岩集》，南宋赜藏主《古尊宿语录》，道谦《大慧普觉禅师宗门武库》，晓莹《罗湖野录》，南宋法应（集）、元普会（续集）《禅宗颂古联珠通集》，南宋宗永《宗门统要》，以及《大慧语录》《庞居士语录》《坛经》《雪堂和尚拾遗录》《临济语录》《圣胄集》等。

此外正文中也明确标出了所引的一些经论。可见《指月录》抄录的范围是相当广泛的，辨析起来也是相当复杂的。下面拟从内容和形式两个方面对《指月录》的渊源进行辨析。

《指月录》内容由两部分组成，一部分是正文，一部分是附录。下面首先考察一下正文的情况。

《指月录》虽然没有取名灯录，而"指月"的意思是要人们因此书而见道，但它实际上是一种灯录。其源头就是前面流传的各种灯录。最早的灯录应该是南唐保大十年（公元九五二年）泉州招庆寺静禅师和筠禅师编的《祖堂集》。但《指月录》当中并没有提到这部书，内容上也没有引用过。

据陈士强先生考证："《祖堂集》初刊后不久，留在国内的印本由于战乱等原因，大多散佚。除北宋尚有人看过它以外，南宋以后极少有人提到过它。以至后人几乎不知道有这部书。又由于以‘传灯录’为书名的，以北宋道原的《景德传灯录》为最早，故一般都认为《传灯录》是禅宗灯录体著作的始祖。这从对后世的直接影响而言，是完全对的。”（《佛典精解》，上海古籍出版社一九九二年十一月版，第五五九页至五六一页）

所以《指月录》所取的灯录应该是北宋道原的《景德传灯录》（简称《传灯录》）、李遵勖的《天圣广灯录》（简称《广灯录》）、惟白的《建中靖国续灯录》（简称《续灯录》）、南宋悟（《续藏经》作“悔”）明的《联灯会要》（简称《联灯》）、正受的《嘉泰普灯录》（简称《普灯录》）、普济的《五灯会元》（简称《会元》）、明居顶的《续传灯录》。

应该取自这些灯录，实际是不是真的取自这些灯录呢？从书中附录看，《传灯录》《会元》《续传灯录》是肯定的，其他灯录则没有明确说明。附录中有时只说“灯录”二字，到底是指哪一部灯录，还不清楚，但可以肯定不光是指《传灯录》。因为《传灯录》只收到南岳下第九世、青原下第十一世，而《指月录》在此后的世系中仍然出现“《灯录》云”之类字样。

例如六祖下第十五世《丞相张商英居士章》便有“《灯录》《武库》皆不载其颂”语，六祖下第十六世《安吉州道场明辨禅师章》附录中有“与《灯录》小异，附志于此”语。这两处说的《灯录》肯定不是《传灯录》。书中六祖下第十三世之前的附录中也常常出现“灯录”的字样，这些《灯录》具体指哪一部灯录，只能具体考察了。

在众多的灯录当中，对于《指月录》来说，《五灯会元》有着特别重要的意义。只要对照一下两部书就会发现，《指月录》在摘抄过程中尽管参照了许多种书，但落实到具体文字上大部分是以《会元》作为蓝本的，也就是说其他灯录可能与《会元》内容相同，而个别字句不一样，而《指月录》则与《会元》一致。

例如《释迦牟尼佛章》，《会元》前一部分与《传灯录》相同，后面许多内容《传灯录》没有，《广灯录》不同于《会元》，《续灯录》不同于《会元》，《联灯》内容相近而多出后人拈颂，《普灯录》不同，而《指月录》全章与《会元》全章基本相同。再如东土祖师《初祖达磨章》，《会元》与《传灯录》相同，《广灯录》增加许多谶言偈语，其他相同，《联灯》相同，《普灯录》不同，而《指月录》取自《会元》。再如六祖下第二世《马祖道一禅师章》，《会元》与《传灯录》相同，《广灯录》不同，《续灯录》相同而不全，《联灯》相似，而《指月录》取自《会元》。

所谓取自《会元》，也不是一字不差地照抄，而是相对于其他灯录，《会元》更为接近，可以判定是取自《会元》。例如《马祖道一禅师章》第一段，《传灯录》《会元》《指月录》分别如下：

江西道一禅师，汉州什邡人也。姓马氏。容貌奇异，牛行虎视，引舌过鼻，足下有二轮文。幼岁依资州唐和尚落发，受具于渝州圆律师。唐开元中，习禅定于衡岳传法院，遇让和尚。同参九人，唯师密受心印。始自建阳佛迹岭，迁至临川，次至南康龚公山。大历中，隶名于开元精舍。时连帅路嗣恭聆风景慕，亲受宗旨，由是四方学者云集坐下。

江西道一禅师，汉州什邡县人也。姓马氏。本邑罗汉寺出家。容貌奇异，牛行虎视，引舌过鼻，足下有二轮文。幼岁依资州唐和尚落发，受具于渝州圆律师。唐开元中，习禅定于衡岳山中，遇让和尚。同参六人，唯师密受心印。始自建阳佛迹岭，迁至临川，次至南康龚公山。大历中，隶名于钟陵开元寺。时连帅路嗣恭聆风景慕，亲受宗旨，由是四方学者云集座下。

江西道一禅师，汉州什邡县人。姓马氏，故俗称马祖，或云马大师。容貌奇异，牛行虎视，引舌过鼻，足下有二轮文。幼岁于本邑罗汉寺出家，受具于渝州圆律师。开元中，习定于衡岳，遇让和尚，发明大事。同参六人，唯师密授心印。始居建阳佛迹岭，迁于临川，次至南康龚公山。大历中，连师路嗣恭请师开法，四方学者云集座下。

可见《传灯录》与《会元》基本相同，《指月录》则略有不同，但它取自《会元》。《传灯录》云“同参九人，唯师密受心印”，《会元》作“六人”，《指月录》亦作“六人”。《传灯录》云“四方学者云集坐下”，《会元》作“座下”，《指月录》亦作“座下”。《会元》云“本邑罗汉寺出家”，《指月录》云“幼岁于本邑罗汉寺出家”，而《传灯录》则没有这些字样。但也可以看出，《指月录》在行文当中有意省略。《传灯录》《会元》俱云“大历（《传灯录》作“历”）中，隶名于钟陵开元寺。时连帅路嗣恭聆风景慕，亲受宗旨，由是四方学者云集座下”，而《指月录》但云“大历中，连帅路嗣恭请师开法，四方学者云集座下”。

而且《传灯录》《会元》中“密受心印”下面有一百二十三字的附录，《指月录》则没有，但它在“南康龚公山”下加上六十三字的附录。《指月录》在个别地方还有少许增加。《会元》云“遇让和尚。同参六人，唯师密受心印”，而《指月录》在“遇让和尚”后面加入“发明大事”四字。

《马祖》一章，《指月录》取自《会元》而不取《传灯录》，在后面的段落中还可以找到许多例证。如《会元》《指月录》当中都有马祖与西堂、百丈、南泉玩月一则公案，而《传灯录》则没有。公案云：“一夕，西堂、百丈、南泉随侍玩月次，师问：‘正恁么时如何？’堂曰：‘正好供养。’丈曰：‘正好修行。’泉拂袖便行。师曰：‘经入藏，禅归海，唯有普愿独超物外。’”

再如《传灯录》云：“有小师行脚回，于师前画个圆相，就上拜了立。师云：‘汝莫欲作佛否？’云：‘某甲不解捏目。’师云：‘吾不如汝。’小师不对。”而《会元》与《指月录》具有小师之名，即云“有小师耽源行脚回”。当然在这一章中，《指月录》又加入了《会元》中所没有的一些语录。

再看看《广灯录》。《释迦牟尼佛章》，《广灯录》与《会元》《指月录》都不一样。再如《四祖优波毱多尊者章》，《广灯录》与《会元》相似，而《指月录》还是取自《会元》。末尾《广灯录》云“当平王朝也”，《指月录》《会元》俱云“即平王三十一年庚子岁也”。

对比一下《联灯》与《会元》，《指月录》也是取自《会元》而不取《联灯》。还以《马祖章》为例，《联灯》云：“江西道一禅师，汉州什邡县人，马氏子也。示众云：……”那些关于马祖何时出家，何时受戒，容貌如何奇特，如何开悟，如何开始传法，一概不录。

再如《南岳怀让禅师》一章，《联灯》云：“南岳怀让禅师者，金州杜氏子。少习毗尼。”而《会元》云：“南岳怀让禅师者，姓杜氏，金州人也。于唐仪凤二年四月八日降诞，感白气应于玄象，在安康之分。太史瞻见，奏闻高宗皇帝。帝乃问：‘是何祥瑞？’太史对曰：‘国之法器，不染世荣。’帝传敕金州太守韩偕亲往，存慰其家。家有三子，唯师最小。炳然殊异，性唯恩让，父乃安名怀让。年十岁时，唯乐佛书。时有三藏玄静过舍，告其父母曰：‘此子若出家，必获上乘，广度众生。’至垂拱三年方十五岁，辞亲，往荆州玉泉寺，依弘景律师出家。通天二年受戒后习毗尼藏。”而《指月录》除个别字句以外，基本上与《会元》相同，可见《指月录》不取《联灯》。

比较一下《普灯录》《会元》《指月录》，也可以看出《指月录》取自《会元》而不取《普灯录》。

说《指月录》以《会元》为蓝本，是就大体情况而言，并不是说只取《会元》一家。瞿氏在编集过程中常常是对照许多种书，择善而从，或引入新的内容，或纠正其中的错误。例如六祖下第四世《洪州黄檗希运禅师章》中，禅师在洛阳行乞遇一老妪事，后面的附录云：

“添钵公案，《会元》《颂古》《统要》，皆作临济，此从《古尊宿语录》及《林间录》入师章。”六祖下第八世《四祖山清皎禅师章》末尾附录云：“《传录》载此，以师先十八年而识化期也。《会元》作临终时偈，失矣。”六祖下第十世《襄州谷隐山蕴聪慈照禅师章》末尾附录云：“‘深山岩崖’语，今载《会元》矣。”

从上面附录中可以看出，作者是大量地阅读了那些“宗门家言”而摘录出来的。除了几部灯录以外，其他各种传记、语录都用来进行参考，有的还是非常重要的参考。如《六祖》一章，就主要取自《坛经》。抄录时用得最多的书当属《正法眼藏》《宗门统要》《古尊宿语录》《林间录》《禅宗颂古联珠通集》等书。

从那些附录当中还可以看出，瞿氏在摘录过程中，虽文字有些变化，但多限于对其身事叙述的详略上，而对于机语则很少有所变动，态度是极其严谨的。如六祖下第五世《仰山慧寂》一章中“师卧次，僧问曰：‘法身还解说法也无？’”的第二个“法”字下面有附录云：“《会元》无‘法身’‘法’字，《统要》《颂古》等皆有‘法’字。”可见瞿氏对一个字都是非常认真的。

以上是正文部分的情况，下面再看看附录部分的情况。

《指月录》中的附录也是一个重要的组成部分，少则几个字，多则几千言。像“临济三句”和“洞山五位”下面的附录都有六千多字。这些附录的内容大体有以下几个方面：

一、**辨证得失，说明摘录依据**。如《释迦牟尼佛章》中讲佛降生时间“当此土周昭王二十四年”下面附录云“《正宗》作九”；讲到佛入正定三昧时间“乃于穆王三年癸未”下面附录云“《正宗》作三十三年戊寅”。再如六祖下第三世《池州南泉普愿禅师章》中附录便有“某字应作殊”“某字应作离”“此处有脱误，原录如是，姑因之”等字样。再如前面提到的六祖下第八世《四祖山清皎禅师章》中指出《会元》错误的附录，都属于这一类。

二、**附载资料，以备进一步考证**。如六祖下第七世《韶州云门山光奉院文偃禅师章》讲到禅师参雪峰义存得法事下面附录云：

圆悟《碧岩集》云：“师承睦州旨，往见雪峰。一到便出众问曰：‘如何是佛？’峰云：‘莫寐语。’师便礼拜。一住三年。雪峰一日问：‘子见处如何？’师云：‘某甲见处，与从上诸圣，不移易一丝毫。’《僧宝传》：“谒雪峰，峰方堆桅坐，为众说法。师犯众出，熟视曰：‘项上有三百斤铁枷，何不脱却？’峰曰：‘因甚到与么？’师以手自拭其目，趋去。峰心异之，明日升座曰：‘南山有鳖鼻蛇，诸人出入好看！’师以拄杖攛出，又自惊栗。自是流辈改观。三录载师见雪峰事，其不同若此，因并录以备考。

再如六祖下第十六世《安吉州道场明辨禅师章》末尾附录云：

《萝湖野录》载师悟缘自“闻僧举”至“默有所契”下乃云：“即趋龙门坐据居无何，佛眼举前话问之。师拟对，佛眼以手托开。师趋出，豁然大彻，复回吐露，佛眼拽杖逐之。”与《灯录》小异，附志于此。

三、**征引后人关于某一公案的拈颂，以备参看**。这种内容在附录中所占比例极大。如《释迦牟尼佛章》，讲到世尊在灵山会上拈花示众，迦叶破颜微笑事，下面附录云：

白云端云：“迦叶色虽然如是，还觉顶门重么？”复颂云：“尽说拈花微笑是，不知将底辨宗风。若言心眼同时证，未免朦胧在梦中。”僧问云峰悦：“灵山拈花意旨如何？”悦云：“一言已出，驷马难追。”“迦叶微笑意旨如何？”悦云：“口是祸门。”

所引的人当以雪窦重显、大慧宗杲、圆悟克勤等人为最多。

四、编者对某一公案的评议。如应化圣贤《金陵宝志禅师章》讲到“安乐禁”时，作者附录云：

幻寄曰：志公“安乐禁”及“十二”，其旨与达磨之不识、德山棒、临济喝，皆自灵山拈花一脉相承。如涂毒鼓，如太阿剑，闻之者丧，婴之者断，不可以心思意解者。而或者谓“十二”乃十二因缘治惑药也。其在书字时节刻漏中，乃书之在十二时中也。“安乐禁”，禁者，止也。至安乐时乃止耳。此所以为修习也。是以赵州庭柏，为三界唯心，沩山拂子，为附物显理者。同道座主奴也，何足以语此？

这一种内容虽然不多，却可以看出编者的思想情况。

以上几种内容除了第四种是作者自己的创作以外，主要来自以《联灯》为主的灯录，以《古尊宿语录》为主的语录和各种传记。例如六祖下第三世《庞蕴居士章》中讲庞居士参马祖得法旨事下附录云“《大慧语录》

云”，章末附录又云“士语录载”等，都明确指出了某段话来自某语录。总的说来，正文来源以各种灯录为主，附录以各种语录为主。

下面再考察一下《指月录》在形式上的渊源。

一般灯录大都以“南岳下某世”“青原下某世”来标世次，而《指月录》全以“六祖下第几世”来划分世次。这一做法来自于明代居顶的《续传灯录》。不过《续传灯录》不言“六祖下某世”，而是言“大鉴下第几世”。《指月录》略去了“某禅师法嗣多少人”的第二级标题，改在总目录中用小字注出。这又是采用了《普灯录》的做法。如“江西马祖大寂道一禅师”下面注云“南岳一世”，“庆元府雪窦明觉重显禅师”下注云“青原九世，云门三世”。

《指月录》附录的体例也不是独创，早在《传灯录》中就已经有了，正如陈士强指出的那样：“《传灯录》卷文中刊有一些夹注。根据意思分辨，有宋刻本注、延祐重刻本注和道原、杨亿原注三种。一般说来，宋刻本和延祐本的夹注，多带有校勘辨析性质，数量较少。……道原、杨亿的原注，数量较多，大多是摘引各家禅师之语，对卷文中提到的机缘语句进行评点。如‘玄觉云’‘药山云’‘洞山云’‘石霜云’‘法眼云’等等。”（《佛典精解》，上海古籍出版社一九九二年十一月版，第五八三至五八四页）但其中许多夹注，《指月录》并未摘取。

后来《联灯》在这方面大量地以夹注形式附载禅宗名宿的拈颂评唱，多为《指月录》所吸收。如《释迦牟尼佛章》讲到佛出世后说“天上天下，唯吾独尊”时，附录云：“云门云：‘我当时若见，一棒打杀与狗子吃，贵图天下太平。’琅琊觉云：‘云门可谓将此身心奉尘刹，是则名为报佛恩。’云峰悦云：‘云门虽有定乱之谋，且无出身之路。’”

这三则《指月录》全部保留，此外又加两则。再如《六祖章》中，“风幡之议”下面，《联灯》附载了雪峰义存、巴陵颢鉴、雪窦重显、保宁仁勇四则评语。《指月录》取了前三则，又加入了三则，略去了保宁仁勇一则。

《指月录》许多卷末附有《音释》，这是取法于《普灯录》。

上面辨析了《指月录》的渊源，下面再看看《指月录》的流变。

《指月录》问世后，流传相当广泛，影响颇大。八十三年后，即康熙十七年（公元一六七八年），终于出现续作，聂先《续指月录》。该录共二十卷，收入《续藏经》，上海涵芬楼影印本，第壹辑，第贰编乙，第十六套。聂先，号乐读，庐陵（今江西省抚州市）人。他在书前的《凡例》中说："是录起于丁巳春至，成于戊午长夏。鸠工始于嘉兴楞严寺之藏经坊，终于维扬建隆寺之印经寮，缮稿于张剑园居士之般若阁。"

可见聂氏是在清康熙十六年（公元一六七七年）春天动手，到第二年的夏天完成的。陈士强说康熙十八年，并不确切。还可以看出，作者是在佛寺的藏书印经之处完成的，时间比较集中，并不像瞿汝稷那样在家中长时间随手摘录而成。余怀在序中说："聂子竭三十年血力，手胼足胝而为此书。"恐怕也不确切。

《续指月录》书前有康熙十九年（公元一六八〇年）正月古歙江湘的序、蒲阳余怀的《续指月录序》、如是居士吴绮园的《募刻续指月录弁语》、灵岩学人范国禄的《题记》、虞山海印学人陈见龙的《缘起》，以及《孙孝则先生书问》《续指月录总目》《续指月录凡例》《虎丘、径山二祖长少伦叙考》《续指月录卷首》。书末有《续指月录尊宿集》。

全书由《卷首》一卷、正文二十卷、《尊宿集》一卷，三部分组成。通常说的《续指月录》二十卷是指正文而言。正文所收世次，上始六祖下第十七世，下至六祖下三十五世。全书第一人为临济宗杨岐派虎丘绍隆的弟子天童昙华，最后一人为曹洞宗廪山常忠的弟子寿昌慧经。《卷首》是收载《指月录》特别是其中六祖下第十六世中遗载的人物，共六十三人。《尊宿集》是仿效《指月录》当中的“应化圣贤”和“未详法嗣”而设立的，共收六十一人。

由于编者是清代人，许多地名都已发生变化，所以把过去地名一律改作清代地名。例如“临安灵隐”便改作“杭州灵隐”。

聂先在编著精神上也是继承瞿氏而来。他在《凡例》中说：“兹录原承瞿先生以儒论禅，便于观览，并无人我。”

关于《续指月录》的价值，聂先自己作的《凡例》以及江湘、余怀二序都做了说明。聂先说：

虞山瞿幻寄先生《指月录》一书，……为禅林秘宝。……儒者谈禅之书，未有盛于此本者也。但前录自七佛起，至六祖以下凡十六世而止。宋孝宗隆兴年后，隆、杲诸老以下无传焉。兹刻以隆兴二年为始，自十七世续起，迄今康熙十八年，三十八世而止。上下五百年，续佛慧命，靡放或遗。

江湘说：

吴门聂子乐读者，研究经史，复沉酣于宗门家言。续瞿公幻寄《指月录》，缉宋南渡后上下五百年宗乘微言，钩索源流，详核世派，汇为一书。

余怀说：

或者曰："然则聂子之续是录也，功乎过乎？"余应之曰："若聂子则有功而无过者也。何以言之？前录迄南宋隆兴而止，隆兴以后，三十八世之宗派，上下五百年之慧灯，茫然无所知也。若无续录以续佛慧命，则绝续不辨，品位不定，语句不分，习禅之人如瞽无相，安能如猓国狼牻，暗中嗅金哉？故曰聂子有功而无过。"

可见《续指月录》不仅是上承《指月录》的精神的一部续作，而且还具有《指月录》所没有的继宗派、传慧灯的作用。因为《指月录》虽然也是纲目明确，但以前的各种灯录已做得很好，而后来的许多灯录之类的著作在这方面做得不那么好，以至引起人们的不满。所以聂氏续录不仅有"指月"之用，而且有"传灯"之功。

总之，《指月录》以及《续指月录》是与各种灯录并行的类似灯录，又意在指示人们悟入佛法的著作。由于编者编集极为勤苦，所选极其精粹，因而受到广泛欢迎，影响极大。可以说，它出于灯录，而又胜于灯录。

解说

《指月录》是谈禅之书，因而禅宗的主要理论，在书中都有所体现。特别是那些著名的公案，以活泼生动的形式，向人们昭示着生活的真理。它的形式虽然是陈旧的，但禅的精神却是生生不息的。它告诉人们，怎样才能活得透彻明白、自由快乐。下面就以已经选录的那些著名的禅门公案为例，将禅对现代生活的指导意义略加说明。

人类社会向前发展，是征服自然和改造自我同行并进的过程。但在实际生活当中，又很难做到齐头并进、和谐平衡。人们常说，物质文明是精神文明的基础，但物质文明绝对不能代替精神文明。世界自从近代以来，征服自然，建立高度发达的物质文明，成为世人所崇尚的伟大目标。目前这种物质文明的热潮已波及整个世界。世界给人们的印象一下子变得绚丽多彩。然而人们在这高度发达的物质文明面前，生、老、病、死等痛苦烦恼并没有丝毫减轻和消失，代替旧的烦恼是更多新的烦恼。色相对人的迷惑力无疑大大加强了。绚丽多彩的物质世界，使人们失去自我返照的机会和意识。整个社会都为物质生活所驱使，人们屈从于经济生活和技术权威之下，走向异化。

美国当代哲学家马尔库塞把现代西方社会的人们称为“单向度的人”（或叫单面人、畸形人）。怎样解决这一问题呢？人们想出许多办法，其中包括到古老的东方文明中来寻找答案，于是禅又引起了人们广泛的兴趣。禅是向内的，它时刻告诉人们去自省，去摆脱色界的虚幻、搅扰，寻找到自由的天地。现代社会更需要禅。

人们需要禅，并不一定都能正确理解禅。阅读《指月录》，便可以起正确理解的作用。

在一般人看来，禅是很神秘的东西，可望而不可即，人们又常常把禅和静坐、气功等同起来，其实这是对禅的误解。只要看一下《指月录》就会发现这一点。例如坐禅，禅宗本是坚决反对的。六祖惠能大师对志诚禅师说：“住心观静，是病非禅，长坐拘身，于理何益？”并说偈云：“生来坐不卧，死去卧不坐；元是臭骨头，何为立功过？”这一精神为弟子们所继承。

南岳怀让禅师开导马祖道一禅师就是一个有名的公案。公案讲：唐玄宗开元年间，有个叫道一的沙门，在衡山常常练习坐禅。怀让禅师就问他："大德坐禅想求得什么？"道一说："谋求作佛。"怀让禅师拿起一块砖，在他庵前的石头上磨。道一问："磨这个作什么？"禅师说："磨作镜子。"道一说："磨砖怎么能成为镜子呢？"禅师说："既然磨砖不能成为镜子，那么坐禅怎么能成佛呢？"道一说："怎么才对呢？"禅师说："就好像牛拉车，车如果不走，打车对呢？还是打牛对呢？"道一没法回答。禅师又说："你是学习坐禅，还是学习坐佛？如果学习坐禅，那么禅并不是坐卧等形式；如果学习坐佛，佛又没有固定的外相形状。在事物变化不定的无住法上，不应该有所取舍。你如果坐佛，就是杀佛。如果执着于坐相，是不能达到真理的。"道一听后，大为醒悟。

再如临济义玄在僧堂睡觉的故事：义玄禅师在僧堂里睡觉，师父黄檗进堂看见后，用拄杖打了一下板头。禅师抬头见是黄檗，继续睡。黄檗又打了一下板头，就往上间走。看见首座在那里坐禅，就说："下间的后生在那里坐禅，你却在这里妄想什么？"可见黄檗认为义玄虽然在睡觉，却符合禅的精神，而首座在那里坐禅，只不过是一种妄想。

六祖的话和这两则公案明确地告诉人们，禅宗本来是反对坐禅的。可是到了宋代，曹洞宗僧人宏智正觉又倡“默照禅”，以静坐默照为根本，把静坐视为悟的唯一手段，在静坐中体悟宇宙人生空幻的本质。虽然一时影响很大，却立即遭到了大慧宗杲禅师的抨击。宗杲倡“看话禅”，与之抗衡，影响更大。

禅并不是静坐苦行，高不可攀，神不可及。禅就在普普通通的现实生活当中。禅师们一再告诫学人，不要离开现实生活去寻求什么超人的佛法。渴来饮水，困来上床，随缘而施，道就在其中，毫无神异可言。

五代后汉时云门文偃禅师一次被人请到京城中供养了六十七天。九月甲子日回到山上，对众人说：“我离开山门有六十七天，我且问你们六十七天的事情怎么样？”众人都不能回答。禅师说：“为什么不说和尚在京城吃面的时候多？”意思是告诉大家，我虽然受人尊敬，却并没有什么高妙的佛法给人讲，和在山上一样，只是多吃了一些面而已，平常得不能再平常，毫无神异可言。

禅是讲清静的，但人们常常机械地理解清静，把清静绝对化：清得一尘不染，静得不杂一念，世俗之人不在山寺禅院，难以达到这种境界，因此觉得禅可望而不可即。其实这又是对禅的误解。禅的清静，并不是外在形式上的清静，而是指内心远离色相的搅扰，不受任何东西的束缚牵扯。如果认为有一种纯而又纯的境界，那就错了。

洞山良价禅师向一位老婆婆讨水喝的故事就说明了这一点。故事说良价禅师开始行脚时，路上遇着一个婆婆担水。他要水喝，婆婆说："水倒不怕你喝，但有一个问题，得先问过才行。你说水里有几粒尘土？"禅师说："没有尘土。"婆婆说："去！不要弄脏我的水担！"

人们对禅的另一个误解，就是认为学禅的人万念俱灰，过的是一种枯淡无味的生活，毫无快乐可言。看过《指月录》就会发现，那些开悟的禅师完全是另一种状态。开悟就意味着洞晓人生，圆融地对待一切，再也没有烦恼的打扰，他们的心境是非常快乐的，生活是非常活泼的。他们看穿了一切烦恼，有什么理由不快乐呢？他们能把佛法自由自在地融会到自己的日常生活当中，有什么理由不活得生趣活泼呢？四祖道信大师就曾对法融禅师说："快快乐乐，无忧无虑，所以叫作佛。"

林清玄有一段对学禅之人快乐生活情境的描写，说得很好："我们会发现到，历史上伟大或甚至只是平常的一位禅师，他们都是活得活活泼泼、高高兴兴、真真实实、轰轰烈烈的，我们很难找到一个垂头丧气、优柔寡断、消极萎靡的禅师，这使我们知道禅有一种健康与优美的风格，所有进入禅智的人，都会有一个光明的心，有庄严伟大的内在，这就是禅心。这种禅心使我们知道禅对古今中外的人心都能带来绝对的利益。”(《序蔡志忠的“曹溪的佛唱——六祖坛经”》)。

以上所举的对禅的误解，都是人们对禅了解得太少，特别是对中国的禅了解太少造成的。有了这些误解，对禅只能采取敬而远之的态度。《指月录》中所传述的正宗的中国禅，对消除人们的误解，无疑是大有裨益的。

《指月录》给人们的启示是多方面的，难以备述，笔者只能谈谈自己的一点体会。

据我理解，禅的总的精神和目的，所谓成佛，就是获得生命究竟的解脱。《指月录》所讲的那么多公案，都是围绕怎样解脱自身的无明而展开的讨论。斩猫碎瓮、当头棒喝、设机锋、下转语、四料简、三玄门、五位说等等，无非是禅师们接引学人的具体做法，可谓循循善诱，苦口婆心。

解脱自己，首先要做的就是破除“我执”。那种认为有实我的存在，自我的利益高于一切，时刻想着自己利益的人，永远无法解脱自身，因为他的做法是南辕北辙的。事事替自己打算，事事讲自身的得失，所得到的只能是无穷无尽的烦恼，执着不放，便是无边的苦海。

正确的做法与此相反，不把自己的利益放到一切利益之上，去撑那么多的欲望。

例如有个秀才问赵州从谂禅师："佛不违反众生的心愿，是不是？"从谂禅师说："是。"秀才说："我想要你手中的拄杖，行不行？"禅师说："君子不夺别人所爱。"秀才说："我不是君子。"禅师说："我也不是佛。"从这段机智风趣的对话中，可以看出秀才和赵州争相摆脱虚名对自己的束缚，从而得到自由有利的处境。

所谓名枷利索，无不源于"我执"。禅门中许多故事都是教人破除"我执"。的二祖慧可大师断臂求法，感动了达磨大师。达磨说："诸佛最初探求佛法，求的就是超脱自身形体。"释迦牟尼佛在黑氏梵志献合欢梧桐花时讲的就是这个道理。故事说："世尊因黑氏梵志向他献合欢梧桐花，便招呼道：'仙人放下吧！'梵志便放下了左手的一株花。佛又招呼道：'仙人放下吧！'梵志又放下了右手上的一株花。佛又招呼道：'仙人放下吧！'梵志说：'我现在两手都空了，还让我放下个什么？'佛说：'我并不是叫你放弃那些花，你应该放弃外六尘、内六根、中六识，将这些一齐舍弃，在那无可舍弃的地方，正是你放下身家性命之处。'梵志听了这番话，体悟到了没有生也就无所谓灭的道理。"

无生也就无所谓灭，自己身上的束缚都是自己系缚上去的。你自己没有贪欲，别人就不会抓你的把柄。所以有人问石头希迁："怎样解脱？"希迁说："谁束缚你了？"

解脱自己还要破除"法执"。人们在学禅时的另一个大障碍，就是认为真有一种高深的佛法。许多对禅的误解都与此有关。怀着一种惧怕的心理、崇拜的心理对待佛法，可佛法就是不到你的身边。历代禅师留下的公案，有相当一部分是叫人们破除法执，除去学人们对佛的崇拜感、恐惧感。"干屎橛""麻三斤""庭前柏树子"之类的呵佛骂祖，"骑圣僧（佛像）""烧木佛""掀床打师"之类的非常举动，都是为了使人们破除对佛法产生不正确的迷信崇拜。佛被后人呵骂，佛自己也表现出对前代佛祖权威的透彻看法。

世尊一次与阿难出行，见到一座古佛塔，世尊便礼拜。阿难问："这是什么人的塔？"世尊说："这是过去诸佛的塔。"阿难说："过去诸佛是什么人的弟子？"世尊说："是我的弟子。"阿难说："应当这样。"

佛在出生时，就一手指天，一手指地，宣称："天上天下，唯吾独尊！"云门文偃禅师读到这里，说："我当时若是看到了，一棒打死，喂狗吃，好图个天下太平。"意思是说要是没有"佛"及"成佛"的执迷，人们就不会狂迷颠倒去追求心外的佛法，天下自然太平无事。云门虽然要打杀佛，却正是得了佛的相信自我的精神。

可见破除法执，就要相信自己，因为佛法不是外在的某种东西，而是在你的心中。六祖惠能大师告诉弟子们："如果不明了自心，佛也就是众生；如果在一念之中能明了自心，众生也就是佛。所以应该知道万种佛法都是在自己的心中。"马祖道一禅师也常向弟子们讲心就是佛的道理。大慧宗杲禅师经常引用古德的几句名言："佛说一切法，为度一切心。我无一切心，何用一切法？"

破除法执，法在心中，有助于人们破除自身与禅之间的距离。道不远人，一旦开悟，便会发现，道就在眼前。所谓悟，就是放下心来。正如南泉对赵州讲的"平常心就是道"。佛法来自内心，体现在日常生活当中。义玄禅师曾对学人们说："佛法没有什么用功之处，只是平常没事，穿衣吃饭，拉屎撒尿，困了就睡。愚人讥笑我，智者才会理解。古人说：向外花费功夫的人，都是痴迷顽愚的汉子。"这就告诉我们，学道并不拘限于出家，并不一定处处要仰赖老师，并不一定口念佛号，并不一定烧香祷告，只要能发明自己的本来心性，诸恶莫作，众善奉行，就达到了禅的境界，也就取得了自由，消除了烦恼。现实社会纷繁复杂，只有自净其意，找到自己的价值，才能不被色相所困扰，超越现实而又复归于现实，免于做现实社会的奴隶。

破除法执，有利于自信心的培养。在现实生活当中，人们常常屈从于某种权威，人云亦云，缺乏主见，找不到自我，这是极其痛苦的事情。要相信自己的本心，做独立判断，这样才有可能成为一个自由的人。大梅法常禅师关于“亲者不问，问者不亲”的公案，讲的就是这个道理。夹山与定山争论一个问题，讲的都有道理。可夹山没有自信，屡次去问法常禅师，想从禅师那里证实自己的看法。法常禅师说：“亲者不问，问者不亲。”教导夹山要相信自己。

《指月录》中所揭示的意义还有许多，都可以启迪人们的心灵智慧，建设美好的社会。例如舍弃色相，把握本质的观念，相对的观念，破除空执的观念，对于人们观察事物，分析问题，无疑都是有启发意义的。

总之，《指月录》记录了上自七佛，下至两宗之际许多圣哲关于禅的思考，反映了多少代宗师对人生的切身体会。它不仅是一份瑰丽的文化遗产，更是汩汩流淌、永不干涸的溪流，滋润着一代又一代人的心田。

出版后记

星云大师说：“我童年出家的栖霞寺里面，有一座庄严的藏经楼，楼上收藏佛经，楼下是法堂，平常如同圣地一般，戒备森严，不准亲近一步。后来好不容易有机缘进到藏经楼，见到那些经书，大都是木刻本，既没有分段也没有标点，有如天书，当然我是看不懂的。”大师忧心《大藏经》卷帙浩繁，又藏于深山宝刹，平常百姓只能望藏兴叹；藏海无边，文辞古朴，亦让人望文却步。在大师倡导主持下，集合两岸近百位学者，经五年之努力，终于编修了这部多层次、多角度、全面反映佛教文化的白话精华大藏经——《中国佛教经典宝藏》，将佛教深睿的奥义妙法通俗地再现今世，为现代人提供学佛求法的方便途径。

完整地引进《中国佛教经典宝藏》是我们的夙愿，

三年来，我们组织了简体字版的编审委员会，编订了详细精当的《编辑手册》，吸收了近二十年来佛学研究的新成果，对整套丛书重新编审编校。需要说明的是此次出版将丛书名更改为《中国佛学经典宝藏》。

佛曰：一旦起心动念，也就有了因果。三年的不懈努力，终于功德圆满。一百三十二册，精校精勘，美轮美奂。翰墨书香，融入经藏智慧；典雅庄严，裹沁着玄妙法门。我们相信，大师与经藏的智慧一定能普应于世，济助众生。

东方出版社

图书在版编目（CIP）数据

指月录 / 吴相洲 释译 . —北京：东方出版社，2020.2
（中国佛学经典宝藏）
ISBN 978-7-5060-8589-2

I. ①指…　II. ①吴…　III. ①禅宗—中国—古代 ②《指月录》—注释③《指月录》—译文　IV. ① B946.5

中国版本图书馆 CIP 数据核字（2015）第 249292 号

指月录
（ZHIYUE LU）

释 译 者：吴相洲
责任编辑：王梦楠　杨　灿
出　　版：东方出版社
发　　行：人民东方出版传媒有限公司
地　　址：北京市东城区朝阳门内大街 166 号
邮　　编：100010
印　　刷：北京明恒达印务有限公司
版　　次：2020 年 2 月第 1 版
印　　次：2023 年 6 月第 9 次印刷
开　　本：880 毫米 ×1230 毫米　1/32
印　　张：12.75
字　　数：163 千字
书　　号：ISBN 978-7-5060-8589-2
定　　价：68.00 元
发行电话：（010）85924663　85924644　85924641